GANADO PLATA Y ORO

LAS 40 REGLAS ESPIRITUALES ESENCIALES PARA EL DESARROLLO EMPRESARIAL

JA PÉREZ

GANADO, PLATA Y ORO: LAS 40 REGLAS ESPIRITUALES ESENCIALES PARA EL DESARROLLO EMPRESARIAL

Nota sobre riesgos
La información contenida en este libro es distribuida "como está" y sin garantías. Ni el autor ni Keen Sight Books se hacen responsables en cuanto a daños causados por interpretaciones individuales privadas del contenido aquí expuesto.

Marcas Registradas

Ganado, Plata y Oro: Las 40 reglas espirituales esenciales para el desarrollo empresarial es un título propiedad de JA Pérez, publicado y distribuido por Keen Sight Books. Todas las otras marcas mencionadas son propiedad de sus respectivos dueños.

Excepto donde se indique, todos los textos bíblicos han sido extraidos de la versión Reina-Valera 1960. © 1960 Sociedades Bíblicas en América Latina; © renovado 1988 Sociedades Bíblicas Unidas. Reina-Valera 1960™ es una marca registrada de la American Bible Society.

Keen Sight Books

Puede encontrarnos en la red en: www.KeenSightBooks.com
Reportar errores de imprenta a errata@keensightbooks.com

ISBN: 978-1947193208

Printed in the U.S.A.

agradecimientos

A mi Dios, por todo. A mi esposa e hijos, quienes pacientemente me prestan de su tiempo para escribir. A mi equipo por su ardua labor en todo trabajo literario. A mi madre por su ayuda en las correcciones al manuscrito. A nuestros dos hermosos gatos que fielmente me acompañan mientras escribo.

Contenido

Productividad Estratégica Inspiracional

Legado Empresarial

———————

Antes de la introducción...

ASENTANDO EL TONO

CAPITAL PARA SERVIR, NO PARA ACUMULAR

Más que una nota aclaratoria, me gustaría que estas primeras palabras sirvan para asentar el tono del resto de este libro.

En nuestro tiempo han existido corrientes de enseñanzas que no necesariamente representan la verdad en el contexto de los textos sagrados.

Una de estas corrientes es lo que muchos han denominado como *"la doctrina de la prosperidad"* o *"el evangelio de la prosperidad"*.

Los portadores de este tipo de mensaje tienen la tendencia de prometer bienes terrenales y la certeza de *"una mejor vida ahora"* fuera de proporción respecto al resto del texto bíblico que incluye padecimientos, tribulaciones y sufrimientos en la vida del cristiano mas con la esperanza de una vida eterna, donde sí hay eternas garantías de bienestar.

Estos portadores prometen que si usted sigue ciertos principios y confiesa de cierta manera, asegurará la acumulación de bienes a lo cual denominan como éxito.

La sana enseñanza bíblica en cuanto a finanzas no puede estar más lejos de la verdad.

ACUMURAR RIQUEZAS TRAE MAL

Hay un mal doloroso que he visto debajo del sol: las riquezas guardadas por sus dueños para su mal... Eclesiastés 5:13

El hombre de verdad tendrá muchas bendiciones; Mas el que se apresura a enriquecerse no será sin culpa. Proverbios 28:20

No te afanes por hacerte rico; Sé prudente, y desiste. Proverbios 23:4

Se apresura a ser rico el avaro, Y no sabe que le ha de venir pobreza. Proverbios 28:22

El que ama el dinero, no se saciará de dinero; y el que ama el mucho tener, no sacará fruto. Eclesiastés 5:10

REPARTIR VERSUS ACUMULAR

Hay quienes reparten, y les es añadido más; Y hay quienes retienen más de lo que es justo, pero vienen a pobreza. Proverbios 11:24

Es necesario que como buenos empresarios mayordomos del reino, aprendamos el verdadero propósito en cuanto al manejo de capital. A esto dedico un capítulo en este libro, sin embargo quiero aquí adelantarle algo.

Dios quiere hacerte un buen mayordomo de sus bienes, pero no para que los acumules sino para que seas un canal de bendición para otros y para todo buen negocio de reino. Sí, en los negocios del Padre nos conviene estar *(Lc 2:49 RVA)*.

Dios prometió a Abraham que lo iba a engrandecer, y en la promesa le revela el propósito: *"serás bendición"*.

Pero Jehová había dicho a Abram: Vete de tu tierra y de tu parentela, y de la casa de tu padre, a la tierra que te mostraré. Y haré de ti una nación grande, y te bendeciré, y engrandeceré tu nombre, y serás bendición. Génesis 12:1,2

ESTE LIBRO NO PROMETE ÉXITO

Entendiendo el concepto moderno secular de éxito, el cual consiste en acumulación de bienes, el reconocimiento y halago de contemporáneos y la

9

exaltación del ego... definitivamente, este libro, no lo puede prometer.

No quiero enseñarte aquí a cómo enriquecerte. Pero sí quiero enseñarte a cómo ser un buen empresario de reino, que, sí, sabe como multiplicar capital influyente, pero con el propósito correcto.

Estudia conmigo las reglas espirituales esenciales para el desarrollo empresarial, y luego ve y se de bendición.

INTRODUCCIÓN

Y Abram era riquísimo en ganado, en plata y en oro. Génesis 13:2

Abraham, (quien primero se llamó Abram) el padre de la fe, era un hombre que confiaba a Dios y estaba dispuesto a obedecerle en gran manera.

A este Abraham, Dios le había dado una gran promesa, aunque para poseerla éste primero habría de obedecer y caminar por fe.

El texto dice:

Pero Jehová había dicho a Abram: Vete de tu tierra y de tu parentela, y de la casa de tu padre, a la tierra que te mostraré. Y haré de ti una nación grande, y te bendeciré, y engrandeceré tu nombre, y serás bendición. Génesis 12:1,2

Dios le había prometido que iba a engrandecer su nombre y bendecir y también le reveló el propósito por el cual haría esto. Le dijo: *"te bendeciré, y engrandeceré*

11

tu nombre, y serás bendición". Dios prometió bendecirlo para que fuese de bendición a otros.

Aquí aprendemos algo clave que tiene que ver aún hoy en día con nuestro desarrollo empresarial. Dios quiere bendecir a otros por medio de tu obediencia.

Abraham, obedeció a Dios y dejó la casa de su parentela y marchó por fe, sin todavía saber los detalles sobre su futuro.

Y se fue Abram, como Jehová le dijo... (Génesis 12:4) y Dios honró su fe. Más adelante en la escritura vemos el resultado de su obediencia.

> *Subió, pues, Abram de Egipto hacia el Neguev, él y su mujer, con todo lo que tenía, y con él Lot. Y Abram era riquísimo en ganado, en plata y en oro.* Génesis 13:1,2

Durante años he oído a personas decir que Dios solamente bendice a sus hijos espiritualmente.

Si eso es cierto, entonces las vacas del ganado de Abraham debieron haber sido unas vacas muy espirituales, además de la plata y el oro con que Dios le bendijo. ¿Cierto?

La realidad es que nuestra economía es parte del plan espiritual de Dios para nuestras vidas. Tal es así, que Jesús ligó nuestra economía a nuestro espíritu (nuestro corazón).

Jesús dijo:

Porque donde esté vuestro tesoro,
allí estará también vuestro corazón.
Mateo 6:21

En este trabajo, es mi oración poder comunicar los principios espirituales que regulan nuestra economía.

Intentaré enseñar al lector 40 columnas básicas elementales, necesarias para establecer los fundamentos sólidos sobre los cuales reposan los principios que gobiernan la sana empresa.

Estoy seguro que otros escritores han expuesto principios o conceptos relacionados a la empresa que no aparecen aquí, y ciertamente no alcanzarían varios volúmenes para cubrir todas las leyes que regulan la sana empresa, sin embargo, conforme a mi propia experiencia, creo que estos 40 son esenciales. Además creo que estos establecerán una buena base sobre la cual edificar.

Algunos principios expuestos aquí serán directamente económicos, otros tendrán que ver más con productividad, administración y ética espiritual, pero creo que todos en conjunto nos prepararán para que nuestras empresas y vidas personales sean regidas por principios sanos y que enriquecen nuestra vida espiritual primero y luego nos permiten ser de bendición a otros.

SALUD ESPIRITUAL, MENTAL Y ORDEN

1

INVERTIR EN TU SALUD ESPIRITUAL ES TU MÁS IMPORTANTE INVERSIÓN

Antes de comenzar a hablar de principios y conceptos que ayudarán a crecer y madurar nuestro liderazgo empresarial, quisiera tomar espacio para hablar del tema posiblemente más importante en la vida de un empresario.

Se trata del corazón.

De nada sirve que dominemos con habilidad todos los principios que nos ayudan a ser empresarios efectivos, si nuestro corazón (espíritu) está herido, o no se encuentra en el lugar correcto en cuanto a nuestra relación con Dios.

Nuestra relación con Dios es más importante que todo lo que podamos lograr en el liderazgo.

Aun más. Ocuparnos de nuestra salud espiritual viene antes que el servicio que podamos dar a otros.

> *Sobre toda cosa guardada, guarda tu corazón; Porque de él mana la vida.*
> Proverbios 4:23

Además de esto, un líder herido, con arrastres de resentimiento, amargura y asuntos del alma sin resolver no puede ser muy efectivo. Un líder empresarial herido, herirá a otros, hará decisiones impulsivamente, y eventualmente comenzará a exhibir su desgaste lo cual también afectará a otros, comenzando por sus seres queridos.

Entonces, es necesario estar seguros que nuestro corazón esté sano y libre. Libre de amarguras, de resentimientos, de cargas emocionales, de heridas, y daños acumulados a causa de nuestras fallas.

REGRESANDO

Todos hemos cometido errores. Los negocios de por sí pueden endurecer a cualquier persona. Y de qué sirve crecer los fondos y dividendos al punto de disfrutar libertad financiera si en nuestro interior estamos quebrados. Eso no es éxito.

Éxito real significa estar completos en todas las áreas importantes de nuestra vida.

En los próximos párrafos, quiero compartir con

usted, lo que Dios hizo con un grupo de personas que estaban en ruina económica y espiritual, pero antes de entrar ahí, quiero establecer una verdad sencilla pero poderosa.

Independientemente de tus fallos —y todos fallamos (Rom 3:10-12)— Dios todavía tiene buenos planes para tu vida.

TE INVITO A QUE ENTREMOS JUNTOS EN LA CUEVA DE ADULAM

David está cansado de huir. El rey Saúl (quien debió haber sido como un padre para él) por celos le ha perseguido para matarlo y David ha huido, ha vivido escondido, y pareciera que aquella carrera brillante, y todas las promesas que le habían sido dadas se han esfumado. El famoso y poderoso guerrero que en un tiempo hirió a decenas de miles, ahora parece estar solo.

Así ha llegado a esta cueva... la cueva de Adulam.

En la cueva de Adulam comenzó una nueva historia. Ahí, Dios le envió a una buena cantidad de seguidores, solo que estos venían con muchos problemas.

Veamos la historia.

> *Yéndose luego David de allí, huyó a la cueva de Adulam; y cuando sus hermanos y toda la casa de su padre lo supieron, vinieron allí a él. Y se juntaron*

> con él todos los afligidos, y todo el que
> estaba endeudado, y todos los que se
> hallaban en amargura de espíritu, y fue
> hecho jefe de ellos; y tuvo consigo como
> cuatrocientos hombres. *1 Samuel 22:1-2*

A David, no le llegaron líderes seguros, listos y formados, no; llegaron hombres afligidos y en amargura de espíritu, esto suena como gente deprimida y con bastantes desajustes psicológicos. Tampoco le llegaron inversionistas, personas con visión y capital listos para invertir en la visión, no; llegaron hombres con deudas financieras.

Dice la Biblia que fue hecho jefe de ellos; y tuvo consigo como cuatrocientos hombres.

Pero ¿quién quiere ser jefe de un ejército de gente traumada? La respuesta es David, un hombre conforme al corazón de Dios.

David no se conformó con el estado presente de su ejército. El era un hombre de visión, él podía ver el tesoro que estaba dentro de esos vasos de barro.

El resultado fue que pasado un tiempo éste llegó a ser un ejército poderoso.

Esto tomó tiempo y fue un proceso, pero el Señor apoyó a David todo el tiempo de formación de estos hombres.

*Y David iba adelantando y engran-
deciéndose, y Jehová Dios de los
ejércitos estaba con él. 2 Samuel 5:10*

Usted puede leer en detalles las hazañas y los logros del ejército de David, sobre todo sus treinta valientes en 2 Samuel 23:8-39 o 1 Cr 11:10-47.

Uno de ellos llamado Eleazar, dice la Biblia que en una batalla "se levantó e hirió a los filisteos hasta que su mano se cansó y quedó pegada su mano a la espada.

Sin embargo, hubieron tres de ellos que eran más valientes que todos los otros, y es interesante saber que estos tres, fueron de los que vinieron a David en la cueva de Adulam.

Veamos el texto comenzando en 2 Samuel 23:13, y dice:

*Y tres de los treinta jefes descendieron y
vinieron en tiempo de la siega a David en
la cueva de Adulam... Y David dijo con
vehemencia: ¡¡Quién me diera a beber
del agua del pozo de Belén que está
junto a la puerta!*

*Entonces los tres valientes irrumpieron
por el campamento de los filisteos, y
sacaron agua del pozo de Belén que
estaba junto a la puerta; y tomaron, y
la trajeron a David; mas él no la quiso
beber, sino que la derramó para Jehová,
diciendo:*

> *Lejos sea de mí, oh Jehová, que yo haga esto. ¿He de beber yo la sangre de los varones que fueron con peligro de su vida? Y no quiso beberla. Los tres valientes hicieron esto.*
> *2 Samuel 23:13,15-17*

Luego, miré que uno de estos tres llegó a ser Abisaí, hermano del gran general de David, llamado Joab. Mire lo que dice la palabra sobre él:

> *Y Abisaí hermano de Joab, hijo de Sarvia, fue el principal de los treinta. Este alzó su lanza contra trescientos, a quienes mató, y ganó renombre con los tres. 2 Samuel 23:18*

Otro de esos tres valientes que estaba entre los afligidos y endeudados que llegaron a David en la cueva de Adulam se llamaba Benaía, y miré algunas de sus hazañas:

> *Después, Benaía hijo de Joiada, hijo de un varón esforzado, grande en proezas, de Cabseel. Este mató a dos leones de Moab; y él mismo descendió y mató a un león en medio de un foso cuando estaba nevando.*
>
> *También mató él a un egipcio, hombre de gran estatura; y tenía el egipcio una lanza en su mano, pero descendió contra él con un palo, y arrebató al egipcio la lanza de la mano, y lo mató con su propia*

> *lanza. Esto hizo Benaía hijo de Joiada,*
> *y ganó renombre con los tres valientes.*
> *2 Samuel 23:20-22*

Usted puede ver claramente lo que Dios hace con personas que un día estuvieron quebrantadas y fueron desarrolladas bajo el liderazgo de David.

Lo mismo puede hacer Dios hoy. El puede tomar gente que tiene todo tipo de aflicción, heridas emocionales, baja estima, y deuda y convertirlos en poderosos empresarios.

Hoy no peleamos contra filisteos o gigantes físicos (sí contra gigantes espirituales, retos que parecen ser mucho más grande que nosotros). Un gigante puede ser cualquier cosa en tu vida que se vea imposible de derribar naturalmente incluyendo una gigantesca deuda.

Hoy no peleamos con palos, lanzas, o armas de metal, pero sí se necesitan líderes que tengan la valentía de ir e implementar desarrollos en entornos complejos, y a veces hostiles.

Necesitamos como líderes empresariales permitir que alguien nos ayude para ser edificados en carácter, dispuestos a crecer en estatura e influencia.

Todos esto puede comenzar cuando aceptamos que nuestra inversión más importante es aquella que hacemos en nuestra vida espiritual.

2

NUNCA PARES DE INVERTIR EN CONOCIMIENTO

INVIERTE EN TU EQUIPAMIENTO

Un líder que trata de cortar camino o apresurar en la tarea de lograr resultados o depende solamente de consejos gratis, comete un grave error.

NECESITAS INVERTIR CAPITAL EN TU ENTRENAMIENTO

El líder que depende solamente de recursos o material regalado con la idea de que en el proceso va a economizar no se da cuenta de que en realidad se está atrasando.

Te comparto cinco razonamientos al respecto:

1- LO BARATO SALE CARO

Es muy posible que has oído el dicho.

Hoy en día con el acceso al internet, es fácil conseguir mucho material e información gratis. Pero que sea gratis no significa que sea buena. Por ejemplo, existen enciclopedias gratis en internet, y la razón por la cual son gratis, es porque quienes mantienen éstas son personas del público en general, o sea que cualquiera puede aportar a estas enciclopedias. Y sabemos que la mayor parte del público no posee el conocimiento o expertise para opinar sobre gran parte de las materias y la información que aportan es por lo regular basada en sus experiencias propias, no en conocimiento probado. Por esto es que en la mayor parte de las academias reconocidas y de reputación no aceptan trabajos investigativos que usen a estas enciclopedias como fuentes. Ahora, si quieres tener acceso a enciclopedias de reputación tendrás que pagar. Éstas no son gratis.

Esto es sólo un ejemplo, de los muchos casos en que el no gastar es contraproducente.

2- ATENCIÓN POR EL VALOR

Nosotros en la Asociación, todo lo que entregamos en proyectos humanitarios y labores de evangelismo es gratis. Dios nos dió su salvación por gracia, o sea gratis, no tuvimos que pagar nada. La presentación del evangelio es gratis.

En nuestras campañas médicas todo se ofrece gratis, atención, medicinas, recursos, etc...

En nuestros festivales la entrada es gratis, no pedimos ofrenda en el estadio, no vendemos ningún tipo de mercancía, los conciertos son gratis, y más, y la razón por la que hacemos esto es porque el evangelio debe ser presentado gratis a todos.

Yo amo regalar cosas, siempre estoy buscando la oportunidad de darle algo a alguien.

Sin embargo, cuando hablamos de la formación de líderes las cosas cambian.

Hace años llegué a una ciudad a hacer unas conferencias, en esos años se usaban los cassettes, y teníamos series de entrenamiento en albums de ocho o doce cassettes. Resulta que yo regalé estas series de cassettes a todos los que asistieron a las conferencias.

Días más tarde me invitaron a cenar a una casa, y cuando llegué, noté que un niño estaba jugando en el patio con los cassettes de mi serie, les había sacado las cintas y los padres lo vieron como algo muy normal.

En ese momento entendí una verdad muy cruda. La razón por la cual los padres (quienes habían estado en las conferencias) permitieron que su niñito jugara con los cassettes y los rompiera es porque a ellos no les había costado algo.

La culpa no era de ellos, era mía, pues yo había reducido el valor de los cassettes a cero cuando se los entregué sin pedirles nada a cambio.

Para ellos, ese era el valor de los cassettes... nada.

Cuando fundamos el Club Embajadores, estuve tentado a regalar todo los recursos en el sitio y permitir la entrada al sistema sin ningún compromiso. Sin embargo, fui recordado de este principio.

La persona que no invierte algo, jamás le dará el valor que tiene.

Aunque sé que el valor de todo lo que ofrecemos a los embajadores es mucho más alto que lo que ellos pagan (inicialmente $14.00 mensuales), de todas formas es importante para ellos que su entrenamiento y todo el material que reciben tenga un valor.

Es un precio accesible, pero el hecho de que inviertan algo económico, asegura que aprovechen al máximo dicho material.

El principio es que cuando algo nos cuesta, entonces le prestamos atención. O sea, atención por causa del valor.

3- NO HAY DIVIDENDOS SIN INVERSIÓN

No puedes crear una mente empresarial sin practicar inversión económica... y la primera inversión económica que hace un buen empresario es en su persona, en su vida espiritual, en su conocimiento y luego en el recurso humano a su alrededor.

Buenos líderes empresariales son diligentes.

> *Los pensamientos del diligente ciertamente tienden a la abundancia...*
> *Proverbios 21:5*

Todo empresario sabe que no pueden haber dividendos sin inversión.

Usted no puede ir a la bolsa de valores (wall street) y decirles... *"quiero que me bendigan y me regalen acciones de tal compañía".* Lo mirarán raro. Todo vendedor de acciones espera que si usted viene a invertir, traiga capital de inversión.

Tenemos que aprender a separar nuestro trabajo altruista, —la bendición de poderle dar a los pobres sin recibir algo a cambio— de nuestro trabajo empresarial, el cual envuelve inversión, adquisición y multiplicación de bienes.

De hecho, si no tenemos éxito en este último, o sea, si no logramos crear capital... ¿con qué vamos a bendecir a los pobres?

Todo esfuerzo humanitario cuesta dinero, y éste tiene que salir de algún lugar.

4- INVERTIR CAPITAL EN TU PERSONA Y TU CONTINUA EDUCACIÓN, LEVANTA TU ESTIMA

Quizá no hay otra cosa que levante más la seguridad interna y mental de un líder como lo es ver los frutos de la inversión que ha realizado en sí mismo. Cuando ves que el conocimiento y habilidades adquiridas te permiten desenvolverte con destreza y precisión en las decisiones y tratos que haces, entonces estarás agradecido contigo mismo por haber invertido lo suficiente para adquirir dicho conocimiento y habilidades.

Oí a un sabio decir: *"Tu grandeza es sólo limitada por las inversiones que hagas en tí mismo"*.

Las inversiones que hagas en tu educación, desarrollo y continua motivación te darán la estatura, conocimiento y sabiduría para caminar con seguridad.

5- NUNCA PODRÁS MADURAR EN TU ECONOMÍA SIN PRIMERO APRENDER A PRACTICAR EL ARTE DE LA GENEROSIDAD

Grandes empresarios son extremadamente personas generosas.

Grandes empresarios son altruistas, pero no podrás practicar esta ciencia sin tener en tus manos el capital que sólo puede venir como respuesta a tu generosidad.

Tu generosidad te rodea de personas también

generosas…

> *Muchos buscan el favor del generoso, Y*
> *cada uno es amigo del hombre que da.*
> *Proverbios 19:6*

Pero también hay una promesa sobrenatural para el generoso. La generosidad trae prosperidad.

> *El alma generosa será prosperada; Y el*
> *que saciare, él también será saciado.*
> *Proverbios 11:25*

El Apóstol Pablo dice:

> *Pero esto digo: El que siembra*
> *escasamente, también segará*
> *escasamente; y el que siembra*
> *generosamente, generosamente también*
> *segará. 2 Corintios 9:6*

NECESITAS INVERTIR TIEMPO EN TU ENTRENAMIENTO

Tratar de lograr resultados rápido, pudiera ser una trampa.

> *Los pensamientos del diligente*
> *ciertamente tienden a la abundancia; Mas*
> *todo el que se apresura alocadamente,*
> *de cierto va a la pobreza. Proverbios 21:5*

Note la segunda parte de ese texto, *"todo el que se*

apresura alocadamente, de cierto va a la pobreza".

Como líderes debemos no solamente invertir capital en nuestra continua preparación, también debemos invertir tiempo.

Cuando observamos la vida de líderes, economistas, o en general personas que han influenciado en gran manera la cultura o su medio ambiente, nos damos cuenta que estos primeramente habían invertido los suficientes recursos y tiempo en su preparación y segundo, este tipo de personas continúan equipándose, educándose, y ejercitando sus sentidos como un estilo de vida. Líderes exitosos siempre están aprendiendo. Entonces el no invertir los suficientes recursos en equiparnos antes de comenzar y durante el liderazgo es un grave error.

> *Adquirir sabiduría, cuánto mejor que el oro, y adquirir inteligencia es preferible a la plata. Proverbios 16:16 (LBLA)*

3

INVIERTE MÁS EN INSPIRACIÓN, DELEGA EL RESTO

EL 1% MÁS IMPORTANTE... INSPIRACIÓN

Es muy probable que has oído el dicho:

> *El genio es un uno por ciento de inspiración y un noventa y nueve por ciento de transpiración.* —*Thomas Edison*

Estamos convencidos que sin trabajo, no es posible completar el proyecto. Jamás he visto a alguien que aviente una idea y automáticamente se convierta en producto acabado. Aun cuando poseas un magnífico equipo que trabaje duro en implementar tus ideas, tu tendrás que dedicar energía y enfoque, sea en el área de dirigir, en área creativa, o en el área de desarrollo.

Siempre hay que trabajar. Los sueños sin aplicación

pronto se olvidan... jamás bajan de la nube.

Sin embargo, de nada sirve trabajar arduamente en algo si primero no hubo una clara visión de lo que se quiere completar. Es como dar vueltas en círculo, sin un clara definición de rumbo.

Todo proyecto, ministerio, organización, necesita una visión clara que establezca ¿qué es? exactamente lo que se quiere completar.

Por eso es que no se puede emprender nada sin que primero haya habido una inspiración, y ese es el trabajo de un líder.

UN LÍDER EMPRESARIAL INSPIRA

Inspira a su equipo de colaboradores, y traza el rumbo de la labor con direcciones claras.

Buenos líderes empresariales diseñan las ideas y las comunican eficientemente de tal manera que los que le siguen se sientan motivados, inspirados a trabajar consistentemente hasta que se complete lo propuesto.

Entonces, inspiración es transferible.

Es por eso que yo digo que si inspiración es solamente uno por ciento, ese es el uno por ciento más importante.

Con ese uno por ciento claro, el otro noventa y nueve

por ciento es realizable.

Es una manera inteligente de desarrollar la tarea de ser líder cuando prestamos atención a aquello que pertenece al terreno de la creatividad.

Debemos prestar atención y dar importancia al área creativa del liderazgo.

Otra manera inteligente de desarrollar el liderazgo empresarial es aprendiendo a capitalizar en nuestras áreas fuertes y a delegar aquellas áreas donde sabemos que otros la pueden realizar mejor que nosotros.

Un buen empresario, estudia las habilidades de aquellos que son parte de su equipo y no tiene miedo que otros le opaquen en ciertas áreas de trabajo.

De hecho. La madurez de un líder en gran parte se puede medir por su habilidad de permitir que otros se desarrollen, y que estos brillen en sus áreas competentes.

Veámos cómo identificar habilidades y capitalizar en ello.

DELEGA CONFORME A TALENTOS

Tú con inspiración trazas la visión y el rumbo de tu empresa, y deja que tu equipo maneje cosas importantes, pero delega todo conforme al talento natural.

DELEGA CONFORME A DISPONIBILIDAD

> *Otro de sus discípulos le dijo: Señor,*
> *permíteme que vaya primero y entierre*
> *a mi padre. Jesús le dijo: Sígueme; deja*
> *que los muertos entierren a sus muertos.*
> Mateo 8:21, 22

• Para ser útiles y efectivos, debemos ser líderes con prioridades claras.

• No puedes delegar autoridad a alguien que no ha definido bien sus prioridades.

Tenemos la poderosa frase: *"Cuando caminas todos caminan contigo, cuando corres algunos corren contigo, pero cuando vuelas, vuelas solo".* Este último está reservado para las águilas que alcanzan grandes alturas.

Principio: En el liderazgo, la definición de prioridades determina quienes correrán contigo.

4

DA EL CRÉDITO DE TUS VICTORIAS AL EQUIPO

EL PODER DE LA COLABORACIÓN

Fue el día 15 de Marzo del año 2009 cuando llevé a mis hijos al parque de béisbol en nuestra ciudad de San Diego en California para ver el juego entre Japón y Cuba. Era la serie mundial de los clásicos y nosotros estábamos muy emocionados. Para nosotros en San Diego este tipo de experiencias no son muy comunes. No es algo que sucede todos los días.

Para un cubano, el deporte del béisbol es muy importante. En nuestra pequeña isla en el caribe, recuerdo cuando era aún niño que cuando a una familia le nacía un hijo, el primer regalo en la cuna era una pelota o un guante de béisbol.

De pequeño aun nos decían que los cubanos habíamos inventado este deporte —algo que cuando pasaron los años pude darme cuenta que no era cierto. Pero como usted sabe, cada pequeño país escribe sus propios libros de historia. Yo he servido en misiones en varios países de América Latina, y veo este patrón. Por ejemplo, he estado en tres países donde me han dicho que ellos inventaron el chocolate. ¿A quien le creo?

Pero bueno, regresando al béisbol, usted puede darse cuenta lo importante que el juego es para un cubano.

¡BUSCAR LA GLORIA!

He leído bastante sobre el tipo de juego que practican los japoneses. Admiro la manera en que sus lanzadores pueden tirar poderosa submarina, pero sobre todo, siempre me ha intrigado la manera en que juegan en equipo. Realizan un juego muy técnico y muy elemental, con jugadas muy estratégicas, donde un jugador está dispuesto a sacrificar su average de puntos con tal de impulsar a un compañero de equipo de primera a segunda base. ¡Qué concepto tan tremendo... trabajo en equipo!

No es así en Cuba. No señor. En la isla se juega otro tipo de juego. En teoría, sí, el concepto de sacrificar el average de un jugador por avanzar una jugada, está en los libros, pero no con la misma intensidad en la práctica. En la isla se alaba el concepto de *"ir por la gloria"*.

Cada vez que tengas la oportunidad de ir al bate, trata de pegarle fuerte a la bola, si es posible, trata de pegar un homerun. Pegale duro a esa bola hasta que salga del parque y tendrás tu foto en la página del frente en el periódico del día siguiente. ¡Se el mejor! ¡Se el número uno!

Pude ver claramente y con tristeza que en el juego contra Japón, el equipo de Cuba no tenía estrategia. Cada jugador estaba tratando de pegar su homerun. Cada uno estaba jugando por su propia gloria. No había trabajo de equipo.

Por otro lado, Japón jugaba en equipo. Mostraban humildad. Ninguno estaba tratando de ser mayor que su compañero y como resultado, el juego terminó seis carreras a cero, a favor de Japón.

¡NO ES EL TRABAJO DE UN SOLO HOMBRE!

Creo que el estilo de juego que tiene el equipo de Japón, representa bien el espíritu de lo que debe ser para nosotros trabajar en equipo.

> *La necesidad de ser reconocido, halagado, respetado y de recibir menciones, es probablemente el enemigo más grande de una aventura colaborativa.*

La idea de un iluminado, sentado al centro de un trabajo de colaboración se encuentra en directo contraste con los principios de colaboración exitosa.

Es entonces que el morir a nosotros mismos y a nuestros intereses es uno de los requerimientos más importantes necesarios para que un trabajo de colaboración funcione.

No debemos confundir esto con la necesidad de un director y el orden de autoridad.

En cada esfuerzo colaborativo debe haber un director, una cabeza. Alguien tiene que diseñar el modelo de trabajo y ser responsable por los resultados.

Orden, disciplina y estrategia, necesitan buen liderazgo tal como en el juego de béisbol se necesita un líder de equipo.

Sin embargo, es interesante que en el béisbol, rara vez verás al manejador del equipo dentro del cuadro. Podrás verle venir a hablar con el lanzador en un momento de crisis, o cuando tiene una desición importante que hacer. Pero por lo regular, el manejador se mantiene dentro del dugout, asegurándose que todo se haga de acuerdo al plan.

En el béisbol, el líder no es la estrella del equipo. Su trabajo es promover a otros y estar seguro que sus dones y talentos brillen durante el juego y que al final, el equipo colectivamente celebre la victoria.

Promueve a otros, eleva a otros... da el crédito al equipo.

> *Un líder es mejor cuando la gente apenas sabe que existe, cuando su trabajo está hecho y su meta cumplida, ellos dirán: Lo hicimos nosotros.*
>
> *—Lao Tzu, filósofo chino*

5

SÉ GENEROSO

Muchos buscan el favor del generoso, Y
cada uno es amigo del hombre que da.
Proverbios 19:6

Te has fijado que una persona que es generosa en sus propinas, cuando regresa a un restaurante los meseros siempre se desviven por atenderlo. Lo contrario con aquel que no practica generosidad.

Una persona generosa atrae a otras personas generosas y por ende siempre está rodeado de oportunidades.

Bien dice Salomón: *"cada uno es amigo del hombre que da".*

Cuando líderes empresariales crecemos en estatura y madurez, y tomamos el papel de mentores es importante que tomemos menos espacio y permitamos que la nueva generación entre y tome cargos más claves, aunque lograr esto tomará más que palabras.

Será necesario que compartamos nuestras oportunidades con otros, que compartamos las relaciones establecidas durante años y abramos nuestras plataformas para los más jóvenes.

Generosidad (también llamada largess o largesse) es el hábito de dar sin esperar algo a cambio.

EL MISTERIO DE LA GENEROSIDAD

Si observas generosidad con ojos humanos, pensarías que al dar algo pierdes —posición, reconocimiento, recursos. Y sí, verdadera generosidad consiste en dar sin esperar algo a cambio, sin embargo, Dios que es justo y está al tanto de tu bienestar, siempre recompensa al dador en maneras que no se pueden explicar naturalmente.

> *Pero esto digo: El que siembra escasamente, también segará escasamente; y el que siembra generosamente, generosamente también segará. 2 Cor 9:6*

6

SÉ RECÍPROCO

COLABORACIÓN ES TAMBIÉN BASADA EN RECIPROCIDAD

Reciprocidad: Es el intercambio mutuo de privilegios. Dependencia mutua[1].

No tendremos una colaboración efectiva si practicar reciprocidad, pues es por medio de reciprocidad que podemos asegurar que nuestra contribución colaborativa sea equitativamente valorada.

Reciprocidad es considerada como un tipo de comportamiento pro-social (otro sería altruismo) por medio del cual, personas trabajando recíprocamente atraen a otros del mismo pensamiento o inclinación[2].

Aquí incluyo algunas características de verdadera reciprocidad:

- Puede envolver a dos personas o más (o grupos).

- Hay expectación de que el intercambio sea justo.

- Participantes corren el riesgo de dar y no recibir de parte de aquellos que quieran aprovechar la oportunidad para tomar ventaja.

- Confianza es importante para establecer y mantener arreglos recíprocos.

- Colaboración por medio de reciprocidad es más evidente en proyectos grandes.

BENEFICIOS DE LA RECIPROCIDAD

Dos personas colaboran en un proyecto y ambos tienen diferentes talentos o recursos a la mesa. Por el hecho que los talentos son diferentes, ambos cubrirán diferentes necesidades dentro del proyecto. De esa manera ambos ganan, pues uno se beneficia de lo que tiene el otro.

RECIPROCIDAD VERSUS FAVOR

Reciprocidad no es lo mismo que favor. Cuando haces un favor, beneficias a otros sin recibir algo a cambio. Esto es pura dádiva, y sí, este tipo de altruismo es necesario y noble en cualquier tipo de proyecto, pero reciprocidad (cuando hay beneficio a cambio) también tiene un lugar importante cuando se trate de colaboración.

Reciprocidad asegura que todas las personas o entidades envueltas reciban dividendos inmediatos en la inversión.

Es importante tener un modelo de trabajo que permita que todos se sientan valorados por su contribución. Esto es no solamente imperativo en nuestro clima de trabajo, también contribuye a la sustentabilidad de toda aventura recíproca.

RECONOCIMIENTO

Expresar el valor de lo que alguien aporta a un trabajo colaborativo puede ser en forma de reconocimiento por la contribución y muchas veces un simple gesto de agradecimiento entregado en privado o públicamente logrará el objetivo.

Debemos asegurarnos que todas las personas en relaciones de trabajo recíprocas se sientan interconectadas. Esto maximiza el fluir en colaboración recíproca. Esto es porque el intercambio intencional que se crea estimula continua actividad.

7

PIENSA COLECTIVAMENTE

Colaboración es trabajo colectivo.

APOYO MUTUO

Trabajar en contornos solitarios puede ser contraproductivo.

Necesitamos el apoyo, las observaciones, los consejos, y aún la crítica constructiva de otros.

Estos operando juntos producen crecimiento personal de quienes colaboran y levanta el nivel de calidad en cuanto al fin que se quiere lograr.

Cuando trabajamos juntos, nos esforzamos por entendernos mutuamente y nos identificamos con otros.

COMPARTIENDO LA RESPONSABILIDAD

Cuando la responsabilidad es compartida, esto minimiza la carga sobre los miembros individuales de un equipo o proyecto.

Esto también hace que todo se haga en un ambiente saludable con menos presión individual, o presión compartida.

La presión compartida produce enfoque y unidad en los miembros del equipo o proyecto.

COMPARTIENDO LA CARGA EMOCIONAL

En proyectos grandes en especial los niveles de stress pueden subir considerablemente. La gran responsabilidad puede gastar emocionalmente a aquellos que están a la cabeza.

Tener un equipo trabajando unido con un propósito es la clave para que exista estabilidad emocional en aquellos que toman más decisiones.

A veces, una simple palmada en la espalda o una simple palabra de aliento es todo lo que toma para traer a alguien bajo mucha presión a un balance emocional sano.

Todos necesitamos saber que no estamos solos en cualquier tipo de proyecto.

RODEATE DE SABIOS

Donde no hay dirección sabia, caerá el pueblo; Mas en la multitud de consejeros hay seguridad. Proverbios 11:14

Los pensamientos son frustrados donde no hay consejo; Mas en la multitud de consejeros se afirman. Proverbios 15:22

Porque con ingenio harás la guerra, Y en la multitud de consejeros está la victoria. Proverbios 24:6

Pensar colectivamente nos protege de nuestro ego en el día de la gran victoria y del ego de otros en el día en que fallamos.

8

SIRVE A OTROS

Mas Jesús, llamándolos, les dijo: Sabéis que los que son tenidos por gobernantes de las naciones se enseñorean de ellas, y sus grandes ejercen sobre ellas potestad.

> *Pero no será así entre vosotros, sino que el que quiera hacerse grande entre vosotros será vuestro servidor...*
> *Marcos 10:42-43*

Dios nos ha dado poder para ejercer autoridad y gobierno en los diferentes aspectos de la vida *"en nosotros"* y *"alrededor nuestro"*.

El poder que nuestro Padre nos ha dado nos ayuda para reinar en vida, y aún influenciar las decisiones más importantes que toman aquellos que diseñan nuestras culturas y moldean el curso de vida en las naciones.

Pero tu nunca debes llegar a un lugar dando órdenes. Esa es posiblemente la manera más rápida de crear rivalidades y competencias innecesarias.

La manera más efectiva de recibir gracia de parte de otros cuando entres en cualquier arena es entrar con espíritu de siervo.

Echa a un lado el ego y toma espíritu de siervo y veras como se abren las puertas y encuentras gracia delante de los ojos aun de los grandes.

Además, las empresas más grandes en este planeta son aquellas que han encontrado respuesta a una necesidad. En otras palabras: " servir a otros es buena empresa".

UN BUEN LÍDER SIRVE A OTROS

• Debemos sinceramente estar interesados en el bien de otras personas. Esto es ministerio.

• Debemos tener bien claro que no se puede servir a Dios sin servir a otros.

...como el Hijo del Hombre no vino para ser servido, sino para servir...
Mateo 20:28

9

PIENSA COMO PRÍNCIPE

LA CRISIS MÁS TRISTES DE TODAS LAS CRISIS

Vi siervos a caballo, y príncipes que andaban como siervos sobre la tierra.
Eclesiastés 10:7

No te dejes intimidar por aquellos que están en el poder. Como buenos empresarios debemos practicar la humildad, pero a la vez caminar seguros de quiénes somos, sabiendo que la organización, empresa o causa que representamos es importante.

Cuando aquellos que están en poder tratan de bloquear tus proyectos, dañar tu progreso, recuerda que el poderío de los necios es temporal. Ten paciencia. Logra mantenerte el tiempo que sea suficiente, y verás que eventualmente la justicia de Dios hará que todas las cosas logren su nivel.

Recuerda como empresario de reino, tu Dios está en control.

EL SEÑOR ES SOBERANO SOBRE PODER

El convierte en nada a los poderosos, y a los que gobiernan la tierra hace como cosa vana. Isaías 40:23

El muda los tiempos y las edades; quita reyes, y pone reyes; da la sabiduría a los sabios, y la ciencia a los entendidos. Daniel 2:21

Como los repartimientos de las aguas, Así está el corazón del rey en la mano de Jehová; A todo lo que quiere lo inclina. Proverbios 21:1

10

PRIORIZA PRODUCTIVIDAD

Un empresario productivo discierne lo que es importante.

SI TODO ES IMPORTANTE, NADA ES IMPORTANTE

Principio: El arte de "quitar" aquello que no funciona es una cualidad indispensable de líder.

> *...todo árbol que no da buen fruto es cortado y echado en el fuego.* Mateo 3:10

UN EMPRESARIO PRODUCTIVO APROVECHA BIEN EL TIEMPO

Todos daremos cuenta en cuanto a lo que hicimos con nuestro tiempo.

> *Porque es necesario que todos nosotros comparezcamos ante el tribunal de Cristo, para que cada uno reciba según lo que haya hecho mientras estaba en el cuerpo... 2 Cor 5:10*

La palabra "mientras" indica "tiempo".

> *...aprovechando bien el tiempo, porque los días son malos. Ef 5:16*

Para usar sabiamente nuestro tiempo debemos aprender a separar las cosas que son importantes de las que no son importantes.

UN EMPRESARIO PRODUCTIVO DELEGA LO IMPORTANTE

Principio: Si crees que todo es importante, jamás podrás completar nada.

Haz tu lista, completa lo que es más importante.

Cuando preparas tu día, pon todo en una lista (a To-Do list), luego marca las prioridades entre las cosas que son importantes. Completa lo más importante de lo importante, el resto delégalo.

POR QUÉ DELEGAR LO QUE ES IMPORTANTE

Quizá has oído decir: *"Haz lo importante y delega el*

resto". Esto es un concepto erróneo.

Si delegas las cosas que no son importantes, mantendrás atada la inteligencia de quienes te ayudan en cosas que al final no producirán fruto.

Además de que esto es una falta de respeto a aquellos que tienen grandes habilidades, estarás perdiendo precioso recurso humano.

Entonces, no separes el orden de cosas a delegar basándolo en lo que es o no es importante.

CAPITAL INFLUYENTE

11

EL DINERO SIRVE PARA TODO, USALO BIEN

Por el placer se hace el banquete, y el
vino alegra a los vivos; y el dinero sirve
para todo. Eclesiastés 10:19

Para poder realizar proyectos, aún aquellas iniciativas altruistas que forman parte de tu ministerio, fundación o alcance para ayudar a otros, necesitas capital.

Con los recursos necesarios en la mano es posible desarrollar sueños y traer esa visión que Dios ha puesto en tu corazón a la realidad.

El capital no solo te permite cubrir los gastos de dichos proyectos, también te abre puertas y te de opciones.

La dádiva del hombre le ensancha el

> *camino Y le lleva delante de los grandes.*
> *Proverbios 18:16*

La dádiva que menciona el proverbio anterior puede tener un doble significado. Puede ser el don que está dentro de tí (y ese es un recurso), pero también puede significar el don (o regalo) que traes en tu mano.

Entonces es importante que podamos crear los sistemas y formas que nos permitan incrementar el capital operativo que tenemos en la mano de manera que podamos ensanchar el camino.

CUANDO NO TE AMAN A TI, PERO AMAN TU CAPITAL

Quizá sea un poco triste que en ocasiones te inviten a una ciudad no porque te aman o estén impactados por tu predicación, sino más bien porque tu tienes algo a la mano que les puede beneficiar. En otras palabras, que te inviten por puro interés.

Tu pudieras tomar esa acción personalmente, entristecerte, y aun no aceptar la invitación, o pudieras aceptar la realidad de que este mundo gira por puro interés.

> *Las riquezas traen muchos amigos...*
> *Proverbios 19:4*

> *...muchos son los que aman al rico.*
> *Proverbios 14:20*

Debemos ser maduros y no tomar las cosas personalmente, y más bien pensar en el bien que puedes realizar.

Entonces sea que te inviten porque te aman, o te inviten por interés de lo que tienes a la mano, al final del día lo importante que tienes delante de tus ojos una oportunidad, y tomarlo pudiera bendecir y mejorar la vida de otros, especialmente si se trata de ir y entregarles el mensaje de vida eterna en Cristo.

12

LA RECOMPENSA ES PARA EL QUE PRODUCE

Para explicar este primer principio le voy a describir un ejercicio que realicé. Les pedí a cinco hombres que sacaran lo que tenían en la bolsa y lo dieran. Uno dio $44.00 dólares y otro no dio nada.

La pregunta es, después que recogimos todo, ¿a cuál de los cinco se lo damos? ¿Por qué estamos de acuerdo en dárselo al que más dio, si supuestamente es el que menos necesidad tiene?

El sistema económico de Dios es un sistema que bendice al que produce.

Cristo mismo dijo: *"al que tiene le será dado"*... en otras palabras *"para recibir, debes producir"*.

"El sistema financiero de Dios es un sistema que bendice al que produce" y yo sé que esto va ir en contra

de lo que nos han enseñado y por eso es necesario renovemos nuestra mente en esto.

Mateo 25:29 dice, (Cristo hablando):

> *Porque al que tiene, le será dado, y tendrá más; y al que no tiene, aun lo que tiene le será quitado.*

Vea el mismo texto en la nueva versión original...

> *"... y tendrá en abundancia, al que no tiene se le quitará hasta lo que tiene..."*

Voy a la Biblia en castellano, en este caso...

> *"...porque el que tiene recibirá más y tendrá más abundancia pero el que no tiene aun lo poco que tiene se le quitará..."*

Lo poco que tiene se le quitará, (en lenguaje sencillo dice la Biblia).

> *"... porque al que tiene mucho se le dará más y le sobrará pero al que no tiene nada hasta lo poco que tiene se le quitará".*

Ahora, yo entiendo que en la interpretación de este texto el Señor se estaba refiriendo a la nación de Israel. A la nación de Israel se les iba a quitar de sus manos su propia tierra, porque ellos la habían descuidado. Inclusive le negaron la vida al dador de la vida y Dios vino y les quitó todo y perdieron todo.

La tierra que Dios le había prometido a Abraham, la perdieron, la perdieron en esa misma manera.

Pero el Señor, fíjate lo que Él escoge para profetizar acerca de lo que va a acontecer a la nación de Israel. Él escoge un *"principio económico"*.

ECONOMÍAS

Este principio es basado en gran parte en una libertad esencial que Dios ha entregado al ser humano.

Esta libertad nos permite decidir qué hacemos con nuestro capital. Dios nos ha dado libertad empresarial, o sea, somos libres para invertir, multiplicar, y aun perder nuestro capital.

Cristo estableció varios principios económicos en su ministerio terrenal y para explicar bien esto vamos a establecer definiciones de estos términos.

UN SISTEMA QUE ES JUSTO PORQUE DIOS ES JUSTO

¿Crees que hay injusticia en esto? ¡No, no hay injusticia! Hay justicia. ¿Por qué?

Porque Dios que es justo recompensa al que produce, al que multiplica, al que se esfuerza, al que avanza en las cosas, porque esa persona tiene determinación, tiene responsabilidad y tiene interés. Lo contrario del que dice: *"yo no, a mí que me pongan la comida en la boca, yo no quiero hacer nada".*

¿Sabe lo que dice Dios? Pues te quito lo poco que tienes, para que entonces ya no tengas nada.

Bajo una filosofía de dependencia, hay madres que siguen dando a luz cada año. Estas sacan la cuenta y dicen: *"...si me dan un cheque al mes por cada niño y luego comida, mejor sigo teniendo hijos".*

Como escribí antes. No estoy interesado en el aspecto político (o más específicamente, no quiero ser partidista) aunque es inevitable que al hablar aun generalizadamente, la política se entrelaza. Por lo menos no seré partidista y trataré de mantener mi postura en el reino de las ideas.

Sé que es común dentro de nuestras iglesias hispanas, gente recibiendo cheques de asistencia pública, aun cuando es evidente que hay salud y fuerzas para trabajar.

Hay gente que finge aun discapacidades para robarle algo al seguro cosa que entre cristianos no debe de existir.

Pero aparte de la mentira si estos ciudadanos supieran que lo único que están haciendo es cavando su propio hoyo financiero se retirarían de ahí, así es, se retirarían de ahí y pasarían de recibidor a dador, del que siempre está siendo ayudado al que puede ayudar a otros.

Porque en realidad la promesa que abarca el ser hijos de Abraham es que no solamente estaríamos bendecidos, sino que seríamos de bendición.

Es decir, pasar de recibidor a dador, del que siempre está siendo ayudado al que puede ayudar a otros.

Dios le dijo a Abraham:

> *"...te bendeciré, te engrandeceré y serás de bendición"*

¿Y cuántos han sido engrandecidos?

Les escribo de lo que es estar engrandecidos porque para tu poder ser de bendición a alguien primero tienes que estar bendecido.

Tu puedes decir: *"Oh pero yo fui bendecido con toda bendición espiritual en los lugares celestiales en Cristo Jesús, Amén"*.

Qué bien, y eso es una posición tremenda pero el hijo aunque es Señor de todo mientras que es niño (Capítulo 4 de Gálatas) en nada difiere del esclavo.

Eres Señor de todo, eres heredero de todo, eres hijo del dueño de toda la plata y del oro, sin embargo estas caminando como un esclavo.

¿Por qué razón? Porque tenías que crecer. Dejar de ser niño. De pequeño a grande.

"Te engrandeceré" le dijo Dios a Abraham y luego le dijo *"serás de bendición"* y ese es el propósito de las finanzas.

Ese es el propósito de la abundancia en tu vida. Que seas de bendición a alguien.

No es para llenarte, no es para que digas *"quiero ocho casas, ocho carros, o tengo tres yates y cuatro aviones"*, no, no, no. No es para eso.

Al que más desprendido esté ni le preocupa cuántos aviones tiene, esto no se trata de quien tiene más juguetes.

Esto se trata de quién quiere ser de más bendición a otra gente y para tu ser de bendición tú tienes que tener con qué ser de bendición, si no tienes con qué ser de bendición, entonces es más difícil.

La Biblia nos manda a cuidar de los pobres y dice que *"el que le da al pobre es como el que le presta al Señor"*.

Además dice que nos ocupemos de las viudas, que nos ocupemos de los inválidos y de los huérfanos.

Escúcheme bien, hay que tener compasión y hay que ayudar al necesitado pero tú no ayudas a un necesitado haciéndolo dependiente, la manera en que tu lo ayudas es asistiendolo en salir de la necesidad y si yo puedo cambiar tu entendimiento yo te puedo ayudar más aun.

Si tú tienes un problema grave ahora y yo te digo

¿qué es lo que necesitas? ¿$5.00 dólares? yo te doy los $5.00 dólares y con eso no te saco del problema, pero si yo te enseño como crear por tí mismo el capital que necesitas, entonces tú vas a salir del problema... ya no habrá más problema.

Es por eso que cada vez que yo veo a un zángano pidiendo limosna en una esquina con una espalda grande y dos manos y dos pies... porque así es, a algunos yo los he visto en la carretera pidiendo dinero, jóvenes fuertes y me dicen: *"necesito para los tacos"*, ¿para los tacos? Ven te voy a conseguir trabajo. Entonces ponen excusa...pero la verdad es que no quieren trabajar y Pablo dijo: *"que el que no trabaja que no coma"* ¿Es injusto eso? No. Eso solamente es justo.

El sistema financiero de Dios es un sistema que premia al diligente.

¿Por qué el sistema de Dios es basado en el principio de productividad? Porque los incentivos y los premios son para el que produce, *"el reino es quitado y dado a gente que produce, y el labrador no participa de los frutos si no trabaja primero"*.

Ahora vea bien, el que da más en el caso del reino recibe más del reino.

¿No ha visto a las iglesias tradicionales que cuando van a orar por la ofrenda, oran por la ofrenda como si estuviera enferma, en vez de darle gracias a Dios por la habilidad de sembrar?

Vienen y dicen: *"Señor bendice al que da como al que no da"* y si yo soy un poquito listo y oigo esa oración yo digo ¡Pues mejor no doy, si al cabo es lo mismo!

No es así, eso no es lo que dice la Biblia.

La Biblia dice que *"el que da generosamente, cosechará generosamente, con la medida con que medís seréis medido, el que siembra escasamente, escasamente segará"*.

NUESTRA MENTALIDAD

Esto nos ha afectado de tal manera que nuestra mentalidad está acomodada a necesidad solamente.

¿Cuándo es la gente más motivada a sembrar?

Cuando puede responder a una necesidad.

Tú has oído a ministerios radiales o de televisión decir: *"Hermano vamos a salir del aire si no mandan dinero"*. Ahí va la necesidad.

"Vamos a quebrar", ahí va la necesidad.

La gente responde a necesidad y no hay nada de malo en eso.

Está bien que tú veas una necesidad y la cuides, eso es bueno.

Pero si tú ves a alguien que Dios ha prosperado y

está bendecido y que está fluyendo en abundancia, ¿Tú le das? (vamos a ser honestos). Más bien dirías: *"no, él puede arreglárselas por su cuenta"*, *"él tiene su negocio"*.

Entonces damos si vemos una necesidad, ¿cierto?

Si aplicamos este mismo principio en el mundo de los negocios, quiere decir que cuando vas a invertir dinero en una empresa, buscarás una empresa que tiene necesidad para invertir en ella, ¿cierto o no? Por el contrario, buscarás una empresa próspera que tiene la habilidad de multiplicar tu inversión. O sea, no eres motivado(a) por compasión sino más bien buscarás cual es la buena tierra para sembrar.

Las finanzas en el reino de los negocios se mueven paralelamente a las finanzas en el reino de Dios.

Yo quiero buscar a alguien que está avanzando para invertir ahí, porque si yo voy a invertir en una compañía yo voy a invertir en una compañía que esté funcionando.

Tú no vas a invertir en algo que va a quebrar. Tú inviertes en una compañía con años de respaldo, sólida. Mira todos los años que han sobrevivido a todas las crisis y no son acelerados para crecer, tienen un crecimiento lento pero fuerte, lento pero seguro y tú dices ¡Ah esa me gusta! ¡Como que es buena tierra!

Así debemos invertir en el reino. No motivados por necesidad, sino por fe.

Cada uno dé como propuso en su corazón:

> *no con tristeza, ni por necesidad, porque*
> *Dios ama al dador alegre. 2 Corintios 9:7*

Esto no quiere decir que no demos a los pobres, o que seamos ciegos a la necesidad.

Debemos ocuparnos de los pobres.

La Biblia dice:

> *A Jehová presta el que da al pobre, Y el*
> *bien que ha hecho, se lo volverá a pagar.*
> *Proverbios 19:17*

¿Cuál es la diferencia?

Para comenzar. Mirándolo desde el punto de vista de inversión. El pobre nunca podrá ser recíproco, porque no tiene con qué, pero Dios que es el dueño de toda la plata y todo el oro, te está diciendo que él personalmente sale por fiador del pobre. Esto es buena inversión pues al darle al pobre estás invirtiendo en la empresa más rica de todas.

La otra cosa es la motivación del corazón.

Pablo dice que *"necesidad"* no sea la motivación[3]. Debemos dar en Fe, y por supuesto con compasión a las necesidades pero motivados por Fe.

Hay ministerios que continuamente piden para sobrevivir, siempre al punto de la exterminación.

Usted les dará (motivado por su necesidad), y ellos cubrirán su renta y saldrán de apuros... sobrevivirán.

Hay otros ministerios que ya tienen sus obligaciones cubiertas (no tienen necesidad) sin embargo todo lo que les entra lo invierten en misiones, proyectos evangelísticos, etc... Al dar a estos ministerios, usted NO es motivado por "necesidad" pues sus necesidades están cubiertas, sin embargo usted sabe que son buena tierra y estos recursos en sus manos producen mucho más para el reino.

Entonces... ¿Entendemos un poco más las palabras de Jesús cuando dijo: *"al que tiene, le será dado, y tendrá más; y al que no tiene, aun lo que tiene le será quitado[4]"*?

En el próximo principio, voy a dar cuatro ejemplos de recompensa al que tiene, o lo que yo llamo *"Recompensa al Incremento"*.

13

EL DINERO ABRE PUERTAS

MIL HOLOCAUSTOS

Pero David había traído el arca de Dios de Quiriat-jearim al lugar que él le había preparado; porque él le había preparado; porque él le había levantado una en Jerusalén. Asimismo el altar de bronce que había hecho Bezaleel hijo de Uri, hijo de Hur, estaba allí delante del tabernáculo de Jehová, al cual fue a consultar Salomón con aquella asamblea. Subió, pues, Salomón allá delante de Jehová, al altar de bronce que estaba en el tabernáculo de reunión, y ofreció sobre él mil holocaustos. 2 Crónicas 1:4-6

No hay registro de que alguien lo haya hecho antes

que él, esto es sumamente exagerado.

La gente subía al altar y ponía un animal sobre el altar... uno. Ahora ¿Se imagina mil?

Exagerado, pero bien hecho.

Mil holocaustos ofrecieron.

Verso 7:

> *Y aquella noche apareció Dios a Salomón*
> *y le dijo: Pídeme lo que quieras que yo*
> *te dé.*

¿Estaba comprando Salomón a Dios? No.

Lo único que estaba haciendo es estableciendo quién es.

Con esta agresividad, ganó la atención de Dios.

¿Qué estaría haciendo Dios que dejó lo que estaba haciendo?

Es decir, Dios siempre está haciendo algo. La Biblia dice que "sus ojos están siempre mirando la tierra buscando a alguien[5]".

Me imagino a Dios diciendo: ¡Espérate ahora vengo!, dejó lo que estaba haciendo y se le apareció a Salomón, no al día segundo, no al día tercero, sino esa misma noche y le dijo: Pídeme lo que quieras. ¿Y tú sabes por qué? Porque alguien que está dispuesto a desprenderse de todo, es alguien que Dios puede usar, porque Dios sabía que si le ponía ahora diez mil, o veinte mil, holocaustos a Salomón en la mano, Salomón los iba a quemar. No se iba a quedar con ellos. ¡El corazón de Salomón estaba en el lugar correcto!

El que no es sembrador se afecta con esto, se confunde, (en serio), hay gente que se confunde. Es más, es menester que se confundan. Algunas de las parábolas que habló Jesús eran aclararles algo a unos y a otros dejarlos más oscuros de lo que estaban. *"Para que oyendo no oigan, viendo no vean, queriendo entender no entiendan[6]"*.

LA REINA DE SABÁ

"Oyendo la reina de Sabá la fama de Salomón, vino a Jerusalén con un séquito muy grande, con camellos cargados de especias aromáticas, oro en abundancia, y piedras preciosas, para probar a Salomón con preguntas difíciles. Y luego que vino a Salomón habló con él todo lo que en su corazón tenía" 2 Crónicas 9:1

Es buena la fama (este tipo de fama), por ahí dicen que la fama es mala, dice la Biblia *"que el buen nombre es mejor que las muchas riquezas[7]"*

¿Sabe lo que es un séquito? Es una caravana de gente.

Si tu vas a ir delante del rey, primero, no puedes

ir con las manos vacías, de hecho todavía es protocolo entre naciones. Los dignatarios cuando se juntan unos con otros van con un presente, un regalo de parte de un estado a otro estado. Nadie se puede presentar delante del rey con las manos vacías.

La ley de Moisés te dice que nadie se presentará delante del Señor con las manos vacías[8].

La ley establecía que si tú venías delante de Dios tenías que venir con algo en la mano.

Porque cada vez que alguien fue con una necesidad a un profeta en lo que yo he leído, esos profetas lo primero que hicieron fue preguntarles ¿qué era lo que tenían en la mano?

"¿Qué tienes en casa?" Así fue con Eliseo la viuda de Sarepta (2 Reyes 4:1-7).

La reina de Sabá era una mujer sabia, ésta era tan sabia que tomó a un séquito de gente y les dijo vamos con Salomón porque voy a hacerle preguntas, voy a probar su sabiduría.

Dice que vino con un séquito muy grande con camellos cargados de especies aromáticas, oro en abundancia y piedras preciosas para probar a Salomón con preguntas difíciles como dice exactamente en 2 de Crónicas 9:1 y 2.

Luego dice la palabra: *"y nada hubo que Salomón no le contestase"*.

Ahí está el favor.

La Biblia dice que la dádiva abre puertas y te lleva delante de los grandes[9].

Esa Reina profetizando ya estaba, y cosechó enseguida.

LAS RIQUEZAS DE ZAQUEO

Habiendo entrado Jesús en Jericó, iba pasando por la ciudad. Y sucedió que un varón llamado Zaqueo, que era jefe de los publicanos, y rico, procuraba ver a Jesús; pero no podía a causa de la multitud, pues era pequeño de estatura. Y corriendo delante, subió a un árbol sicómoro para verle; porque había de pasar por allí. Cuando Jesús llegó a aquel lugar, mirando hacia arriba, le vio, y le dijo: Zaqueo, date prisa, desciende, porque hoy es necesario que pose yo en tu casa. Lucas 19:1-5

Ahora, Zaqueo ya era rico, ya tenía dinero, él era jefe de los publicanos. Una pregunta ¿Y si Zaqueo no hubiera tenido una recámara extra para que el Señor se quedase ahí? porque iba a posar con él y posar es quedarse la noche o que le hubiera dicho Zaqueo, ¡Espérame Señor porque yo solamente tengo una recámara y ahí duermo yo!

Vemos en Zaqueo la gracia de Dios en operación y algo más... vemos donde está el corazón de Zaqueo.

> *Entonces él descendió aprisa, y le recibió gozoso. Al ver esto, todos murmuraban, diciendo que había entrado a posar con un hombre pecador. Lucas 19:6,7*

Murmuraban.

Esto es algo que debemos aprender ya.

Isaac cosechó cien por uno en el mismo año y los filisteos le tuvieron envidia.

Tú tienes que aprender esto, es solo uno de los estragos de la abundancia, y para estar en abundancia tú tienes que aprender a que la gente esté murmurando de ti.

> *Entonces Zaqueo, puesto en pie, dijo al Señor: He aquí, Señor la mitad de mis bienes doy a los pobres; y si en algo he defraudado a alguno, se lo devuelvo cuadruplicado. (Verso 8)*

El 50% de 100, fíjate, mucha gente tiene tropiezo en darle a Dios un 10% y Zaqueo se para y dice: *"la mitad"* se lo voy a dar a alguien... a los pobres.

Ahora, si los pobres entran en un ángulo tú tienes que verlo desde esa perspectiva. ¿Pero qué con todos los hijos que están caminando como pobres?

Y para reparar daños, Zaqueo dijo: *"... Se lo devuelvo*

cuadruplicado".

> *Jesús le dijo: Hoy ha venido la salvación*
> *a esta casa; por cuanto él también es*
> *hijo de Abraham (Verso 9).*

El padre de la fe a quien Dios le dijo que le iba a bendecir y lo iba a engrandecer e iba a ser de bendición.

> *Sabed, por tanto, que los que son de fe,*
> *éstos son hijos de Abraham. Gálatas 3:7*

¡Hijos de Abraham, igual a Zaqueo!

MARÍA Y EL PERFUME

Este evento tu lo encuentras en otros libros históricos pero voy a usar Juan 12:1.

> *Seis días antes de la pascua, vino Jesús*
> *a Betania, donde estaba Lázaro, el que*
> *había estado muerto, y a quien había*
> *resucitado de los muertos. Juan 12:1*

Lázaro había estado muerto y el Señor lo había resucitado, quiere decir que Lázaro era una persona que recibió favor del Señor. El Señor conocía a Lázaro a Marta y a María, sus dos hermanas. Anteriormente ya el Señor había visitado Betania y se había quedado en casa de ellos.

¿En qué tipo de casas se quedaba el Señor? Si es al estilo de Zaqueo, el Señor se queda en casa de alguien que lo puede hospedar.

Quiere decir que Lázaro podía hospedar al Señor.

> *Lázaro era uno de los que estaban sentados a la mesa con él, entonces María la otra hermana tomó una libra de perfume de Nardo puro de mucho precio y los enjugó y la casa se llenó del olor del perfume. Enseguida intervino Judas diciendo: ¿Por qué no fue este perfume vendido por trescientos denarios, y dado a los pobres? Juan 12:5*

Este tenía ideas contrarias a la economía de Dios. Mire lo que dijo Judas. Por otro lado siempre se te van a aparecer muchos Judas que te dirán: ¡Mejor lo hubiéramos tomado y se lo hubiéramos dado a los pobres!

Trescientos denarios era lo que le costó el perfume a María. ¿Sabe que es un denario? Un obrero ganaba un denario al día, trescientos denarios era el salario de un obrero de un año entero.

Se dice en otras palabras alabastro y se cree que era traído de la India, era una cosa muy valiosa. ¿Te imaginas que alguien venga con un perfume que cuesta el salario de un obrero de un año entero?

¿Cuánto gana una persona al año aquí? Vamos a decir que el perfume costaba $25,000 dólares. Para empezar María tenía que tener dinero, porque si no tenía no podía dar. ¡Qué cosa tremenda!

> *Pero dijo esto, no porque se cuidara de los pobres, sino porque era ladrón y teniendo la bolsa, sustraía de lo que se echaba de ella. Juan 12:6*

Que tremendo que el ministerio de Jesús tenía un ladrón y nunca tuvo problemas financieros.

> *Entonces Jesús dijo: Déjala; para el día de mi sepultura guardado esto. Porque a los pobres siempre los tendréis con vosotros, mas a mí no siempre me tendréis. Juan 12:7-8*

¡La oportunidad de darle al pobre siempre va a estar ahí, la oportunidad de sembrar para el reino no va a estar siempre ahí!

Pablo dice ahí en Filipenses *"... yo sabía que ustedes estaban solícitos pero no tenían la oportunidad"* porque al reino solamente se le siembra en oportunidad.

A los pobres siempre los van a tener. Al reino es solo cuando Dios te da la oportunidad de sembrar.

LOS POBRES YA TIENEN ALGO

> *como está escrito: repartió, dio a los pobres; su justicia permanece para siempre. 2 Corintios 9:9*

Quiere decir que ya Dios le dio a los pobres, dice Salomón:

> ...*en el barbecho de los pobres hay mucho pan, mas se pierde por causa de juicio. Proverbios 13:23*

Aquí dice que Dios le dio a los pobres, entonces si tú dices que eres pobre, tú estás tratando de decirle a Dios mentiroso porque la Biblia dice que él le dio a los pobres y tú no puedes ser pobre.

Dios dio y su justicia permanece para siempre y lo hace porque es justo.

ACCIÓN DE GRACIAS

> *Y el que da semilla al que siembra, y pan al que come, proveerá y multiplicará vuestra sementera, y aumentará los frutos de vuestra justicia, para que estéis enriquecidos en todo para toda liberalidad, la cual produce por medio de nosotros acción de gracias a Dios. 2 Corintios 9:10,11*

Acción de gracias es producida cuando nosotros tenemos lo suficiente para serle de bendición a alguien. De eso se trata la liberalidad.

Cuando tú das generosamente, tú das con liberalidad.

14

DIOS DA SEMILLA AL QUE SIEMBRA

Y el que da semilla al que siembra, y pan al que come, proveerá y multiplicará vuestra sementera, y aumentará los frutos de vuestra justicia, para que estéis enriquecidos en todo para toda liberalidad, la cual produce por medio de nosotros acción de gracias a Dios.
2 Corintios 9:10,11

"Y el que da semilla al que siembra", (el que siembra es una persona). Para el sembrador hay semilla.

"Pan al que come", este es otra persona, este no es el sembrador, el que come es otro. El que come y el sembrador son dos personas diferentes. Dios sólo da semilla al sembrador. Establezca esto primero antes de mencionar el siguiente principio.

1ro. Dios solo da semilla al sembrador.

2do. El sembrador y el que come son dos personas diferentes.

Entonces al que es sembrador Dios le da semilla. Al que come le da pan.

¿Sabe por qué Dios le da pan al que come? Porque él prometió en Salmos 37:25

> *"Joven fui, y he envejecido, Y no he visto justo desamparado, Ni su descendencia que mendigue pan".*

Dice otra traducción: *"jamás he visto justo desamparado ni a su simiente que mendigue pan".*

Dios dijo que el justo no va a mendigar pan, esto es siembre o no siembre.

¡Hay personas que jamás siembran y siempre tiene comida!

Dios dijo que el justo siempre iba a tener pan, eso es pura misericordia de Dios, entonces no te preocupes tu puedes dejar de sembrar hoy y para los frijoles vas a tener.

Sin embargo, el que siembra está en otro nivel.

15

EL PAN ES UNA SEMILLA MUERTA

Vea bien, Dios toma al sembrador y le da semilla y ¿qué sucede con la semilla? ¿Qué hace el sembrador con la semilla? La multiplica.

Al que come le da pan. Y ¿Qué pasa con el pan?

El pan es una semilla muerta.

¿Sabe que hay en el pan? Tu tomas el trigo, lo mueles y haces pan pero una vez que te comiste el pan, ya esa semilla no dio más nada, va a la letrina[10] dijo el Señor.

El que come recibe pan, pero no prospera, porque el pan es semilla muerta.

Voy a ir más allá. El pan es una semilla muerta por eso es que al sembrador Dios no le da pan. El sembrador no necesita el pan nuestro de cada día porque la semilla da para sembrar otra vez y ahí sale para pan también.

Pero al que come (solamente), Dios no le da la oportunidad de tener semilla en su mano pues si se la da se la come.

Es como aquél que fue y sembró papas y le dio papas la tierra y dijo ¡mira qué lindo! y se las comió todas.

No. El buen campesino, si la tierra le da papas, él hace así y aparta la papa que es semilla para sembrar para la próxima siembra el próximo año.

Hay algunas personas que han cosechado una vez y dicen ¡mira lo que Dios dio! Y hasta lo testifican y todo, pero se lo comen todo.

¿Y la próxima vez que hace Dios? nada más le da pan porque él dirá: ¡a ti, todo lo que te doy te lo comes! Entonces no te puedo dar semilla, porque la semilla no es para comer es para sembrar, te tengo que dar pan.

Ahora hablemos de la diferencia.

El pan no se multiplica. La semilla ya fue molida y una vez comida no se puede reproducir.

Esta es la libertad de abstenerse de sembrar y no sembrar más nunca en tu vida. Para conseguir pan tú no tienes que ser un sembrador si tu lo que quieres son solo para los frijoles, el chile y la tortilla para cada día para eso no tienes que ser sembrador. Si tu lo que quieres es para los tacos y la soda no tienes que ser sembrador, para conseguir pan no tienes que ser un sembrador. Solamente tienes que trabajar para comer, no necesitas sembrar, solo trabajar.

Pablo dijo en 2 de Tesalonicenses 3:10 *"..si alguno no quiere trabajar que tampoco coma"*.

Entonces, para comer se trabaja. El trabajo te garantiza comida.

Mire lo que a continuación va a leer porque esto va a cambiar su vida "todo el que trabaja come", por lo menos frijoles.

Esa es una garantía. No pagarás tus facturas, pero comes. Todo el que trabaja come.

Ahora al que le haya ido peor por lo menos tiene que decir que no ha dejado de comer, ¿Sí o no? ¿Cuántos se las han visto apretadas? Al que peor le ha ido por lo menos no ha dejado de comer y la prueba de eso es que está vivo, aquí está sentado leyendo y sin comer no se puede vivir, todo el que trabaja come.

No todo el mundo es sembrador.

No todo el mundo es sembrador por eso es que un ministerio corre con unos cuantos sembradores, yo les llamo "colaboradores". Usamos el lenguaje Paulino.

Al sembrador Dios da semilla y la semilla se multiplica, el pan no se multiplica.

Trabajar es bueno. Todo el mundo tiene que trabajar, el sembrador también trabaja pero no se queda ahí. Siempre he abogado por la filosofía de mi abuela que dice que *"de los flojos no se ha escrito nada"*.

Es más, el Señor jamás llamó a un flojo al ministerio. Cada vez que el Señor escogió a alguien, escogió a alguien que ya estaba trabajando, los flojos no funcionan en ningún lugar para nada, tú tienes que trabajar.

Allá va Elías a seleccionar a quien Dios le había dicho, a Eliseo a quien iría a tomar su manto años después. ¿Sabe lo que estaba haciendo Eliseo? Estaba arando la tierra con 12 yuntas *(24 bueyes)*. No era flojo.

Por eso por lo menos trabaja para que no seas parasito y no le seas carga a nadie y tengas por lo menos para los frijoles o pan.

Sin embargo, trabajando solamente, jamás conocerás la abundancia.

Tienes que trabajar pero trabajar no es suficiente. Por trabajar se le garantiza pan, pero el pan un día te lo comes, tienes que ir al próximo día a trabajar, eso es honroso, es bueno ganártelo todos los días con el sudor de tu frente. Eso es honroso pero hay algo superior, hay un camino más excelente, hay abundancia y no se consigue así, no he conocido todavía a un obrero que se haya retirado rico, no existe, lo que me lleva a darle el próximo concepto.

16

PIENSA COMO INVERSIONISTA, NO COMO OBRERO

Si usted comprende esto, esto va a cambiar su vida para siempre, no es malo ser obrero, es honroso, pero jamás vas a ver abundancia, tiene que haber algo más por encima de eso.

¿Quiere ver la prueba?

30,000 personas se quedaron sin trabajo porque van a cerrar unas plantas de una ensambladora de autos. Ahí han estado toda la vida trabajando.

Buenos obreros y muchos de ellos estudiaron e hicieron carrera, estudiaron para lo que saben hacer y de pronto se quedaron sin trabajo.

¿Ahora que van hacer? ¿Sabe que yo he conocido personas que han trabajado duro toda su vida y han muerto pobres?

EL SISTEMA DE FINANZAS ESTÁ DISEÑADO PARA QUE EL OBRERO NO PROSPERE

El sistema financiero que maneja este mundo está diseñado de tal manera que el obrero jamás prospera. Si te suben el salario 2% al año, entonces la inflación fue del 3% que era el promedio en donde estamos nosotros (antes de la recesión) y siempre estás detrás porque ese 1% que no te aumentaron tienes que pedirlo prestado a alguien y solamente la inflación te mantiene en deuda el resto de tu vida.

¡TIENE QUE HABER UN CAMINO MÁS EXCELENTE!

Nosotros cometemos un error con nuestros hijos cuando los mandamos al colegio y los preparamos para trabajar para alguien más.

Les digo a mis hijos desde ahora ¡No quiero que trabajen para otros! ¡No quiero que ustedes vayan a la escuela y saquen un título y luego vayan a entrar en la carrera corporativa para que alguien les esté gritando!

¡Prepárense! ¡Redondeen su conocimiento! ¡Aprendan lo que tengan que aprender! Si pueden aprender varios lenguajes, ¡mejor!

Vayan a la Universidad. Yo empujo a estos jóvenes a que se preparen. ¡Posean la rama!

Pero no se preparen para ser obreros porque el obrero muere obrero.

Yo no le estoy calentando la cabeza a nadie, yo estoy hablando de estos principios porque están en la palabra de Dios *"al que tiene le será dado, al que no tiene, lo poco que tiene le será quitado"*.

El obrero jamás llega a tener lo suficiente, y nosotros tomamos a nuestros hijos y les decimos: ¡Mi hijito ve a la escuela, prepárate, para que consigas un buen empleo!

¡Encuentra un buen trabajo, si es posible búscate un trabajo de en una empresa grande, esos son buenos, ahí no te corren!

Y sí.

Probablemente van a conseguir un buen trabajo y tendrán buenos beneficios, los suficientes para mantenerte ahí mientras te ocupen. El día que no te necesiten te quitan los beneficios y te desemplean. Todo es mientras te necesiten.

Ellos, los que te emplean, no van a morir pobres, ellos no son obreros, tú eres obrero y tú mueres obrero.

El que (solamente) trabaja lo único que consigue es pan y el pan no se multiplica.

La abundancia viene solamente al que invierte (al sembrador).

Este principio es suficiente para cerrar este libro

y si Dios te está dejando saber estas cosas, también es porque te ha dado la habilidad para que si tú te esfuerzas y crees y confías en él, salgas de ese círculo llamado *"promedio"*, que es un enemigo.

La idea de prepararte para ser obrero no es una buena idea.

Hay algo mejor.

Que se despierte el espíritu de empresario en ti, que se te despierte el espíritu de negociante que tienes dentro.

TESTIMONIO DE UN AMIGO Y SU ESPOSA

Yo conocí a un señor, esta persona cuidaba el estacionamiento de la carpa (en nuestros días de cruzadas misioneras bajo carpa), y era fiel para cuidar y poner los autos en su lugar.

¿Sabe a qué se dedicaba él?

Tenía un carrito de madera con dos rueditas y vendía frutas con chile y se las vendía a la gente y una noche yo tuve un sueño (y vaya que yo no soy de sueños, esta es una de esas excepciones de la regla). Yo soñé a este varón y miré que él tenía una caravana, una flota de camiones grandes, inclusive vi el color de los camiones que eran amarillos y blancos.

Recuerdo que después del sueño yo hablé con él y

aunque yo no le pude decir todo lo que vi, le dije: *"¡Sube! que yo veo delante de tu vida unas cosas tremendas"*.

El no sabía leer ni escribir.

Este hombre tomó las leyes de la siembra y la cosecha atentamente y se las aprendió puesto que era un dador.

Lo primero que hizo fue que se consiguió un carrito y con éste le empezó a ir un poquito mejor y los primeros frutos que sacó en el segundo carrito vino y lo sembró en el ministerio y fue prosperado un poco más.

El seguía sembrando, pero sembraba agresivamente y hacía decisiones con sabiduría, apoyándose en los principios bíblicos que iba aprendiendo. Le fue mejor y compró un carrito rojo y ¿Sabe que hizo con ese carro? Aunque él lo necesitaba, lo sembró.

Estaba ejercitando siembra y cada vez le iba mejor y ¿Sabe después que volvió a hacer? Compró un Van y lo sembró al ministerio y su negocio seguía prosperando con más carros.

Luego alguien vino con él y le ofreció un restaurante que tenía porque otra persona ya no lo podía atender. Se tenía que ir por una emergencia, oiga que tremendo que Dios *"te da viñas que tú no sembraste"*.

A este hombre solo le dijeron hazte cargo del lugar, paga la renta y lo que quede de aquí es tuyo, simplemente que no se pierda el edificio. El hombre fue con su mujer y empezaron a atender ese lugar que estaba ubicado a la pasada de la carretera, de hecho hacían la comida tan rica que se llenaba ahí de choferes de camiones de carga que llegaban a comer de ida y de regreso.

A nosotros nos llegaron a hospedar y cada vez que yo iba por esa ruta a predicar me paraba ahí y me decían: *"Venga a comer para acá"*, pero usted no pague nada, usted sirve a Dios.

Ellos me decían: *"Usted está obligado a venir a comer cada vez que pase por esta zona, y si no llega nos enojamos y no solamente usted está invitado sino todos los que viajan con usted"*.

Nos alimentaban y cuando salíamos y nos montábamos al carro el tanque de gasolina del carro estaba lleno. Tenían un espíritu de servir y les fue mejor y mejor.

¿Sabe usted lo que hacía la esposa de él en su tiempo libre? Bajaba al pueblo y buscaba colaboradores y cada mes venía a visitarnos y nos traía una bolsa con dinero para invertir en las misiones y decía: ¡Miren les traje esto! No se preocupen, yo lo recogí por allá con la gente del pueblo y aquí está.

Y este hombre y su esposa seguían prosperando.

En poco tiempo puso una frutería, ya no tenía carritos.

Cuando yo regresé años después de una gira y di

una vuelta por ese rumbo el hombre no solamente tenía una frutería sino que ahora era un distribuidor y estaba distribuyendo frutas a todo el estado. Su empresa creció. De un simple vendedor ambulante llegó a ser un hombre de mucha influencia.

Era un hombre muy trabajador, pero no solamente era trabajador, también era sembrador, porque trabajar te da pan y no te pasa de ahí pero ser sembrador te lleva a otro nivel.

El y su esposa hallaron la manera de prosperar y las leyes de la siembra y la cosecha funcionaron para ellos.

¿Tienen Dios preferencia? No. Dice la Biblia que Dios no hace excepción de personas. La Biblia dice que *"él dio a los pobres"* y eso también te puede pasar a ti.

EL OBRERO MUERE OBRERO, EL SEMBRADOR (INVERSIONISTA) PROSPERA

¿Cómo sucede esto?

Esa es la gran pregunta y tu cabeza da vueltas porque tú eres una persona razonante.

Tú te puedes estar diciendo: *"yo lo único que sé hacer es mi oficio, lo único que sé hacer es levantarme en la mañana e ir allá y trabajar ¿de dónde y cómo Dios va hacer eso?"*

LA COSECHA ES UN MILAGRO

La cosecha es una ciencia sobrenatural, vea bien, sobrenatural.

Implementa ciertos factores humanos. Por ejemplo *"el que se acuesta a dormir y cruza brazo sobre brazo le viene calamidad[11]"* y eso es un principio que está escrito.

¿Cómo viene la abundancia al sembrador?

Dios le da viñas que él no plantó, no las trabajó, al trabajador Dios le da la viña que está trabajando y esa le da pan.

Trabajando tú recibes dividendos de tu obra, de tu labor, al sembrador Dios le da no las viñas que él plantó porque las que él plantó son limitadas y al hablar de abundancia tú tienes que quitar lo límites.

Venga conmigo a Deuteronomio 6:10 y 11

> *Cuando Jehová tu Dios te haya introducido en la tierra que juró a tus padres Abraham, Isaac y Jacob que te daría, en ciudades grandes y buenas que tú no edificaste, y casas llenas de todo bien, que tú no llenaste, y cisternas cavadas que tú no cavaste, viñas y olivares que no plantaste, y luego que comas y te sacies...*

Esta gente llevaba 400 años de esclavos. ¿Qué pudo haber aprendido toda esta gente todos estos años de esclavos? ¿Qué oficio? ¿Hacer ladrillos?

Y les iba bien si había paja porque si se seguían multiplicando el Faraón les quitaba la paja y después tenían que hacer ladrillos sin paja.

¿Qué aprende un ladrillero?

A tomar tierra, juntarla y meterla en el horno. Más nada.

Los esclavos no aprendían ningún oficio, ni tenían ningún tipo de estudio, ni estaban preparados para administrar nada.

Y Dios les dijo: *"Yo les voy a introducir en la tierra y les voy a dar todo eso que ya está hecho"*.

Sólo dos fueron los que pudieron llegar. Porque la cosecha es para un remanente ¿Sabe que los que venían de Egipto tuvieron que morir en el desierto?

Pero aunque dos venían desde allá que habían sido esclavos, poseyeron todo.

¿Y los que nacieron en el desierto que aprendieron? ¿Qué tu aprendes en el desierto? ¿Qué tu puedes hacer? Es más ahí en el desierto no tenían nada que hacer, ahí Dios mandaba el maná y los alimentaba. Se podían poner a protestar porque no tenían carne y Dios les mandaba codornices... hasta por las narices.

Leamos esta promesa en la versión de Las Américas.

Y sucederá que cuando el Señor tu Dios

> *te traiga a la tierra que juró a tus padres*
> *Abraham, Isaac y Jacob que te daría,*
> *una tierra con grandes y espléndidas*
> *ciudades que té no edificaste, y casas*
> *llenas de toda buena cosa que tú no*
> *llenaste, y cisternas cavadas que*
> *tú no cavaste, viñas y olivos que tú*
> *no plantaste, y comas y te sacies...*
> *Deuteronomio 6:10,11*

Veamos ahora lo que dice Josué:

> *Y os di una tierra en que no habíais*
> *trabajado, y ciudades que no habíais*
> *edificado, y habitáis en ellas; de viñas*
> *y olivares que no plantasteis, coméis.*
> *Josué 24:13*

Esta es la promesa, es lo que dijo Dios que iba a hacer con ellos ¿verdad que sí o no? Cuando Dios dice algo lo cumple. Hay gente que trabaja toda la vida para conseguir algo y no lo consigue. Hay gente que lucha toda la vida por un sueño de lograr algo y se muere en el proceso.

"Para edificar casa, ciudades que no edificaste". ¿Sabes por qué tiene que ser así? Porque para el sembrador la cosecha viene apresuradamente y no hay tiempo, la abundancia es por multiplicación y tú no tienes tiempo en la corta vida que tienes de edificar mucho.

Si tú te pones a edificar casas ¿cuánto tiempo te

lleva terminar una casa? Y luego para hacer otra ¿Cuánto tiempo te lleva? Entonces cuando hayas hecho cinco casas tú ya te pusiste viejo.

Cuando tu vas a hablar de abundancia, la abundancia tiene que ser algo que tu no hayas hecho que te sea entregado, mire Josué 24:13 *"Y os di una tierra en que no habíais trabajado, y ciudades que no habíais edificado, y habitáis en ellas; de viñas y olivares que no plantasteis, coméis."*

Eso es multiplicación mas allá de lo que pudiera plantar.

¿Cómo viene la abundancia al sembrador?

Sobrenaturalmente. Tú has visto a gente que tú dices *"oye a esa gente que fácil le va y qué rápido han subido"* ¿verdad que sí o no?

Y tú dices: *"hace poco los vi y estaban en estragos y de pronto mira, empezaron a hacer esto y todo les funciona".* ¿Por qué hay gente que todo lo que hace les funciona y todo lo que tocan lo multiplican y por qué no te pasa a ti?

Te puede pasar a ti.

Veamos a una referencia de cómo funcionan estas transferencias de bienes.

> *El bueno dejará a los hijos de sus hijos; Pero la riqueza del pecador está guardada para el justo. Proverbios 13:22*

De hecho, en Proverbios se concentran las leyes de la siembra y la cosecha.

Tu sabes lo que me dice la Biblia a mí, que los pecadores tienen un montón de cosas en sus manos que no les pertenece a ellos, me pertenecen a mí, de la misma manera que los que estaban en aquella ciudad edificando. Habían plantado y Dios dijo: *"estos están trabajando para mis hijos que vienen por el desierto y mientras los tengo en el desierto no están haciendo nada, están comiendo maná"*.

> *"...la riqueza del pecador está guardada para el justo..." Proverbios 13:22*

¿Por qué para el justo? No solo Dios tiene el pan para que él no mendigue sino también riqueza.

> *El que aumenta sus riquezas con usura y crecido interés, Para aquel que se compadece de los pobres las aumenta. Proverbios 28:8*

"...el que aumenta sus riquezas con usura..." ¿Quiénes son los que aumentan su riqueza con usura? Los impíos, los torcidos, y ¿quiénes son los que se compadecen de los pobres?

Nosotros.

Enseñar a los pobres a dejar de ser pobres es la mejor manera de compadecerse de ellos.

> *Porque al hombre que le agrada, Dios*

> *le da sabiduría, ciencia y gozo; mas*
> *al pecador da el trabajo de recoger y*
> *amontonar, para darlo al que agrada*
> *Dios. Eclesiastés 2:26*

Salomón dice que: *"Dios da el trabajo de recoger y amontonar para darlo al que le agrada a Dios"* ¿Y tú crees que por medio de la siembra y la cosecha uno agrada a Dios? Él tiene al pecador recogiendo y amontonando para dárselo al que le agrada a Él.

¡Eso es gracia! La siembra y la cosecha actúan en gracia, es algo inmerecido. Y tú puedes decir *"pero yo no merezco tanto"*, Yo tampoco. Tenemos más de lo que nos merecemos, de cualquier forma.

> *...y te daré los tesoros escondidos, y los*
> *secretos muy guardados, para que sepas*
> *que yo soy Jehová, el Dios de Israel, que*
> *te pongo nombre. Isaías 45:3*

Tesoros escondidos. Usted dirá: *"ahí no está hablando de dinero, está hablando de sabiduría"*. ¡Mejor! Si a Salomón se le apareció Dios y le dijo "pídeme lo que quieras" y Salomón le dijo "quiero sabiduría"

¿Quieres sabiduría? Qué bueno, como no pediste riquezas, te voy a dar las dos cosas *"Sabiduría y Riquezas"* ¡Gloria a Dios!

En Job (el libro más antiguo del canon).

> *Aunque amontone plata como polvo,*
> *y prepare ropa como lodo; La habrá*

> *preparado él, mas el justo se vestirá, y el*
> *inocente repartirá la plata. Job 27:16,17*

¿De dónde viene? de ahí, porque la abundancia no es otra cosa que transferencia.

¿Sabe por qué?

Porque todo lo que tú necesitas ya está en algún lugar en la tierra.

Está en manos de alguien, está en el banco. Todo el oro que tú necesitas ya está en esta tierra, es más, mucho de ese oro ya lo sacaron de las minas.

Alguien lo está amontonando.

¿Cómo sucede la transferencia?

De la manera que tú menos te esperas.

Yo he oído cosas de personas que dicen: *"yo fui a tal lugar y en el momento correcto, alguien estaba apurado y no sabía qué hacer con aquello y en eso Dios me había suplido a mí, de un día para otro".*

Es un sinnúmero la cantidad de cosas que pueden pasar.

¿Funciona aquí?

Claro funciona aquí, en México en Asia y funciona en todo lugar.

CONOCIMIENTO VERSUS SABIDURÍA

Debemos entender que el conocimiento académico es bueno, pero conocimiento y sabiduría son dos cosas diferentes.

Conocimiento se logra con esfuerzos, sabiduría viene de Dios.

Puedes ser un científico, gran cantidad de científicos se mueren pobres, y vaya que son cerebros porque inventan cosas y les dan premios pero se mueren pobres.

Alguien puede decir: *"¡a mí nunca nadie me enseño a hacer algo!"*.

¡Ora a Dios! él te da la idea, él es el Dios de las ideas y te pone a hacer algo que nadie lo está haciendo y de una manera en que nadie lo está haciendo y es ahí donde encuentras tu lugar.

Una vez que estás adentro, empieza la multiplicación, porque se liga lo sobrenatural con una habilidad que también es sobrenatural porque Dios te la da y tú lo único que tienes que hacer es seguir la guianza del Espíritu de Dios.

Tú estás listo para la abundancia

El obrero muere obrero, el sembrador prospera.

Dice Deuteronomio:

> *Sino acuérdate de Jehová tu Dios,*
> *porque él te da el poder para hacer las*
> *riquezas, a fin de confirmar su pacto*
> *que juró a tus padres, como en este día.*
> *Deuteronomio 8:18*

La gloria y la honra a Dios, no hay pobreza en medio nuestro. ¡Gloria a Dios!

17

SIN INVERSIÓN NO HAY CAPITAL

La sabiduría que nos ha sido permitida a nosotros de acuerdo a lo que dice primera de Corintios, había estado oculta desde los siglos y edades y es mayor que la sabiduría de Salomón.

Esto quiere decir que nosotros estamos en posición de disfrutar todo lo que tiene el Padre en mayor medida que la de Salomón.

Venga a Eclesiastés:

> *Echa tu pan sobre las aguas; porque después de muchos días lo hallarás. Eclesiastés 11:1*

Dígalo: *"no se pierde"*.

> *Reparte a siete, y aun a ocho; porque no sabes el mal que vendrá sobre la tierra. Si las nubes fueren llenas de agua,*

> *sobre la tierra la derramarán; y si el*
> *árbol cayere al sur, o al norte, en el lugar*
> *que el árbol cayere, allí quedará. El que*
> *al viento observa, no sembrará; y el que*
> *mira a las nubes, no segará. Como tú*
> *no sabes cuál es el camino del viento, o*
> *cómo crecen los huesos en el vientre de*
> *la mujer encinta, así ignoras la obra de*
> *dios, el cual hace todas las cosas. Por la*
> *mañana siembra tu semilla, y a la tarde*
> *no dejes reposar tu mano; porque no*
> *sabes cuál es lo mejor, si esto o aquello,*
> *o si lo uno y lo otro es igualmente bueno.*
> *Eclesiastés 11:2—6*

En otras palabras, cada vez que tengas la oportunidad de sembrar, tu siembra... tú no puedes decirle a la tierra que no.

Cada vez que la tierra te presenta la oportunidad para poner semilla, tú pones semilla.

Cuando se te da la oportunidad mira lo que tú haces y con esto vamos a Filipenses para entender bien el concepto, este es Pablo hablando a los Filipenses...

> *En gran manera me gocé en el Señor de*
> *que ya al fin habéis revivido vuestro*
> *cuidado de mí; de lo cual también estabais*
> *solícitos, pero os faltaba la oportunidad.*
> *No lo digo porque tenga escasez, pues he*
> *aprendido a contentarme, cualquiera que*
> *sea mi situación. Sé vivir humildemente,*

> *y sé tener abundancia; en todo y por todo
> estoy enseñado, así para estar saciado
> como para tener hambre, así para
> tener abundancia como para padecer
> necesidad. Filipenses 4:10—12*

*(Y hablando de necesidad, más adelante le voy a
explicar por qué viene la escasez en ocasiones en tú vida
y cuál es el propósito de la escasez).*

Así que, cada vez que se te dé la oportunidad de
sembrar, tu siembras porque no es de sabios dejar
pasar la tierra sin ponerle nada, es tierra que está ahí y
si no se pierde.

La tierra esta lista, tiene minerales, tiene con qué
engrandecer el fruto pero si no pones semilla pues no
hay nada con que crezca, por esa razón tu siembras
cada vez que hay oportunidad, no solamente cada tercer
domingo, no en la mañana solamente, no cuando es día
de fiesta solamente, cada vez que hay oportunidad toma
tu semilla y ponla en tierra... en cada oportunidad, no
te abstengas.

Pero note el verso 4 de Eclesiastés 11, que es dónde
voy a enfocar el principio que voy a establecer y dice:

> *El que al viento observa, no sembrará;
> y el que mira a las nubes, no segará.
> Eclesiastés 11:4*

Y ese es el principio que voy a establecer: *"El que
mira a las nubes no cosecha"* y le voy a explicar por qué

hasta donde yo puedo explicar, porque hay una parte que no la puedo explicar y ahora va a ver por qué.

Hay muchas distracciones en la vida, muchas de ellas te dan miedo como por ejemplo cuando te dicen: *"te van a despedir, van a desemplear gente"* y mejor guardas los 4 centavos que tienes por ahí. Te aterrorizas y entras en miedo, y dices: *"me va a ir mal, o me van a desemplear o no me van a dar esta posición, o oí decir que el cheque va a llegar tarde para el siguiente mes, etc..."* y vienen circunstancias y esas circunstancias te quitan la vista de las promesas de Dios, el que ha prometido que si *"siembras generosamente cosechas generosamente"*.

Lo único que hacen es que te quitan la vista de esas promesas y en miedo te retraes.

¿Sabe por qué vienen las malas rachas?

Las malas rachas son motivadas por las circunstancias, porque emocionalmente la gente hace decisiones, pero es que a la hora de sembrar y de cosechar tú no puedes dejar que tus emociones dicten lo que tú vas hacer.

Es más, tus emociones no deben dictar nada en tu vida, tu jamás haces alguna decisión cuando estás emocionado o cuando tienes algún tipo de sentimiento en cuanto a algo.

La otra cosa es que Salomón aquí te explica algo del mismo verso 4 *"El que al viento observa, no sembrará; y el que mira a las nubes, no segará".*

"Como tú no sabes cuál es el camino del viento (v.5)", porque ¿Cuántos saben cuál es el camino del viento?

Veamos el texto completo:

> *Como tú no sabes cuál es el camino del viento, o cómo crecen los huesos en el vientre de la mujer encinta, así ignoras la obra de Dios, el cual hace todas las cosas. Eclesiastés 11:4*

Toda esta ciencia trabaja en lo oculto... observa esta parte del texto... *"cómo crecen los huesos en el vientre de la mujer encinta, así ignoras la obra de Dios"*.

El milagro de la multiplicación es uno que trabaja de manera que no lo puedes ver con ojos naturales.

Por eso es sobrenatural.

Aprenderemos más de esto en la próxima regla.

18

LA INVERSIÓN TIENE VIDA PROPIA

...si el grano de trigo no cayere[12] en tierra y muriere no produce fruto pero si cayere y muere produce mucho fruto...
Juan 12:24

El inversionista que deposita fondos en la bolsa de valores y regresa nerviosamente a cada instante a revisar dividendos corre el peligro de desesperarse y por ello, sacar la inversión antes que produzca fruto.

Esto es algo que se ve con frecuencia en inversionistas a corto plazo. En cuanto ven que un índice fluctúa un poco, sacan la inversión.

El inversionista sazonado y con experiencia, sabe esperar. El sabe que la bolsa tendrá fluctuaciones, cambios, a veces baja, a veces sube, pero la la larga rendirá estable ganancia.

Entonces esto trabaja paralelamente en lo físico y en lo espiritual.

Cuando das una ofrenda, esta debe caer en tierra y morir. En otras palabras, no debes estar tratando de controlar lo que la organización donde diste hace con la ofrenda. Debes desprenderte de ella, pues tu cosecha espiritual es un milagro.

De igual manera en el área empresarial. Cuando invertimos en un trabajo nuevo, debemos caminar por fe dándole suficiente tiempo a la inversión para germinar y luego producir frutos.

La semilla tiene vida propia. No necesitas controlarla. Una vez que cae en tierra, esa semilla tiene las propiedades naturales para producir crecimiento.

Tu inversión tiene vida propia. Confía, que si la depositaste en buena tierra, en el tiempo correcto producirá frutos. La semilla cae en tierra, en la oscuridad, bajo la superficie donde no se ve, donde no hay sol.

Escondida y tu no la ves crecer porque está bajo tierra pero de pronto tú te das cuenta que crece porque empieza a salir una ramita verde y luego otra y cuando vienes a ver ya tienes una planta que ya está por encima de la superficie.

Es ahí donde entonces puedes ver el crecimiento y los frutos pero mientras esa semilla se está rompiendo y desarrollando debajo de la tierra tu no la ves.

19

LA INVERSIÓN ES UN ACTO DE FE

Las reglas que regulan la abundancia son sobrenaturales, la cosecha es un milagro.

No lo ves, por eso es que no podemos caminar por lo que vemos.

Como dice 2 Corintios 5:7...

"porque por fe andamos, no por vista".

Todo esto es de fe. ¿Y en qué me baso?

En lo que cita la palabra que dice que si yo soy generoso a la hora de sembrar, Dios va a ser generoso conmigo a la hora de cosechar, no por lo que yo siento, no dejo que mis temores dicten lo que yo voy a sembrar.

Cuando tu propones en tu corazón lo que vas a dar porque cada uno da como propuso en su corazón no según sienta.

Yo he oído a hermanitos decir: *"usted dé lo que usted sienta"*, ¡no! usted dé "lo que propuso en su corazón".

Tú eres motivado en fe, tú no das motivado de acuerdo a lo que tú sientes porque tus sentimientos se pueden equivocar, son como la marea del mar que va y vienen como las olas que suben y bajan.

Hay días que nos levantamos y nos sentimos bonitos, hay días que nos levantamos y no nos sentimos tan bonitos, hay días que queremos amar y hay días que queremos odiar.

Hay días que a alguien lo quieres abrazar y que al otro día lo quieres olvidar, porque esto es así, son las emociones.

Por eso tanta gente tienen problemas matrimoniales porque un día quieren amar a su esposa hasta la muerte y al otro día no.

Hay días en que tú te levantas en la mañana y no quieres ir a trabajar pero tú te vas a trabajar. ¿Verdad que sí o no? Porque a tu patrón no le importan tus emociones. ¿Entendió esto? Entonces tu patrón tiene más poder que tus emociones y... ¿Por qué no habría de tener más poder la palabra en tu vida que tus emociones?

¿Entonces, cómo yo sé que funciona esto? no lo sé, yo veo los frutos, yo veo la abundancia llegar de la misma manera que el niño crece en el vientre, que sus huesos empiezan a crecer y tu no los ves.

Eclesiastés 11:5 lo dice muy claro...

> *...Como tú no sabes cuál es el camino del viento, o cómo crecen los huesos en el vientre de la mujer encinta, así ignoras la obra de Dios...*

Así es, ignoras la obra de Dios, por eso es que algunas de éstas cosas naturalmente no se pueden explicar.

20

LA INVERSIÓN ES UNA CIENCIA SOBRENATURAL

La siembra y la cosecha son leyes espirituales y dice la palabra...

> *Pero el hombre natural no percibe las cosas que son del Espíritu de Dios, porque para él son locura, y no las puede entender, porque se han de discernir espiritualmente. 1 Corintios 2:14*

Dice la versión Reina-Valera Antigua...

> *...porque el hombre animal no percibe las cosas que son del espíritu de Dios porque no las puede entender porque para él son locura y se han de discernir espiritualmente...*

En cambio el espiritual juzga todas las cosas y las leyes de la siembra y la cosecha son totalmente espirituales.

Son totalmente sobrenaturales, tu sabes porque la palabra lo promete, pero el desarrollo en sí de cómo sucede eso es un misterio.

Cuando hablo de misterio dice la palabra que los misterios se nos han sido revelados pero el mecanismo detrás del misterio ese no te ha sido revelado.

Dios se reserva algo ¿pero para qué? Para que haya operación de fe, porque si te enseñara el mecanismo entero ya no es por fe.

¿Qué sentido tiene que para tu recibir, te tienes que quitar lo que tienes y darlo? Sería al revés, cualquier analista financiero te diría: *"para tener, lo que tiene que hacer es acumular y guardar"* ¿sí o no?

Una mujer, una vez vino y me dijo: *"yo fui a hacer mis impuestos y mi analista financiero me dio una regañada tremenda"* ¿Y por qué te regañó? pregunté.

"Dice que yo estaba dando mucho a la iglesia. Y me dijo que esto no era así, porque yo tengo que guardar dinero para esto y para esto otro y que lo que yo estaba haciendo estaba mal".

Yo le dije a ella: *"Bueno, tu puedes hacer una de dos cosas, tu puedes oír lo que Dios dice sobre finanzas o tu puedes oír lo que dice tu consejero financiero"*, y me dice ella: *"¡Oh, es que el tiene mucha experiencia!, el graduó de no sé qué escuela y tiene tres títulos... lo voy a escuchar a él".*

"Está bien", le dije yo, y el resto de la historia ya usted se la sabe.

Al poco tiempo llegó ella a la iglesia y dijo: *"Voy a pedir oración porque no tengo para cubrir la renta"*.

Dios no te quiere ver así.

¿Tú sabes lo que es ser un hijo de Dios y que a cada rato te estén llamando para cobrarle cosas y que te estén tocando a la puerta? cuando la Biblia dice que *"no le debas nada a nadie[13]"*, cuando la Biblia dice que *"el que pide prestado es siervo del que presta[14]"*.

21

NO TE DISTRAIGAS

EL QUE MIRA A LAS NUBES NO COSECHA

El que al viento observa, no sembrará;
y el que mira a las nubes, no segará.
Eclesiastés 11:4

El que mira a las circunstancias, el que trata de entender el proceso antes de practicarlo. Me refiero al mecanismo.

Una pregunta ¿Usted tiene carro?

Y si usted tiene carro... ¿Usted sabe cómo funciona todo lo que sucede adentro del motor?

No. Tú solo le pones la llave y te lleva, ¿verdad que sí o no?

Es más. Ni los mecánicos saben explicarlo muy bien.

Usted dirá: *"No, pero tiene pistones"*, yo también sé que tienen pistones.

¿Qué más tiene? *"Tiene anillos"*, yo también sé que tiene anillos.

Quiere decir que yo puedo tomar una caja y le pongo pistones y anillos y a ver que pasa. No.

Hay algo más y finalmente no lo puedo explicar. Sin embargo, mi auto me lleva a muchos lugares sin yo saber cómo funciona.

Cuando yo era niño y veía las caricaturas yo pensaba que los personajes vivían allí dentro del televisor, y yo le preguntaba a mi mamá... *"¿Oye y cuando nosotros apagamos el televisor ellos se van a dormir ahí dentro?"*

Pero en la mente de un niño como le explicas. Y yo continuamente preguntaba y decía: *"Pero es que si ellos están en otro lugar ¿Por qué cuando yo prendo el televisor ahí salen?"*

Finalmente después de tantas preguntas mejor ya no me explicaron nada.

Hicieron lo mismo que el cura del pueblo, que le hice tantas preguntas que un día me dijo: *¡Ya no moleste más! ¡Váyase a lavar los dientes u otra cosa pero no esté aquí preguntando cosas!*

Verdad que los niños te cansan con preguntas hasta que llega el momento que le dices: *¡está bien!*

Así son las leyes que regulan la abundancia, esa semilla cae en tierra y empieza a producir y tú no lo ves pero se está formando y de pronto vino por ahí un fruto que tú no esperabas.

Cheques que no esperabas, personas que te debían y no te habían pagado. Viñas que no plantaste.

Tú no sabes de donde sale, de pronto alguien se muere que tú pensabas que era pobre y puso a tu nombre su herencia.

La vida da vueltas, de pronto sale un filisteo que anda huyendo de alguien y de pronto tú te encuentras la viña.

Como en una compañía que esta persona llegó a pedir trabajo y le dijeron: *"tú vas a ser el gerente general de la empresa"* y el respondió: *"pero yo no vine a aplicar para eso"*.

Sí ya sabemos que tu no aplicaste para eso, pero en este momento tu eres la persona perfecta para esa posición, lo tienes que hacer.

Sucede que este muchacho fue a aplicar para un trabajo de $55,000 dólares al año, pero como él estaba tan desesperado por trabajar se dijo a sí mismo: *"Si me ofrecen otro trabajo con un sueldo más bajo yo lo acepto"*.

Pero sucede que le dicen: *"Nosotros no te queremos para ese trabajo, nosotros necesitamos un gerente general, y tú eres el hombre"*.

Y lo tomaron sin experiencia y lo empezaron con $75,000 al año.

De pronto subió de $55,000 a $75,000 ¿Cuánto es la diferencia? $20,000 dólares más al año.

¿Con eso te puedes comprar un par de camisetas? ¿Verdad que sí o no?

¿Por qué? Porque Dios puso gracia, tocó a alguien, movió cosas por aquí, movió cosas por acá. Así trabaja Dios. Ah, pero este muchacho era un sembrador.

22

EL TAMAÑO DE LOS DIVIDENDOS SE ESTABLECE EN LA INVERSIÓN

Pero esto digo: El que siembra escasamente, también segará escasamente; y el que siembra generosamente, generosamente también segará. 2 Corintios 9:6

Tú decides qué tipo de cosecha quieres ¿Qué tipo de finanzas tú necesitas para alimentar a tus hijos y a tu familia?

Dice la Biblia: *"… los pensamientos del diligente siempre van a la abundancia".*

O sea. Siempre va para arriba, nunca para abajo.

Cuando yo era pequeño, recuerdo que en la finca de mis abuelos, en cada zafra de papas, guardaban la semilla para el próximo año. En ese momento, ellos establecían cuantas besanas de tierra iban a sembrar determinando el tamaño de la cosecha del próximo año.

Estas son leyes naturales, y en el mundo de la finanzas ocurre de la misma manera.

Recuerde el principio: Toda verdad es paralela.

Cuando nosotros planeamos un festival en latinoamérica, planificamos el tamaño de festival desde el inicio. Todo el trabajo de relaciones, inversión en publicidad y labores relacionadas con el festival se hacen pensando en el resultado final.

Cuando sembramos en el trabajo de Dios de igual manera lo hacemos generosamente, y vemos esa obra florecer y buenos frutos.

En el área empresarial es lo mismo. Usted establece que tipo de negocio va a desarrollar y que tamaño va a ser desde el principio.

23

LA ENTREGA DE NUESTRAS FINANZAS A DIOS, MARCAN EL ÍNDICE DE NUESTRA ENTREGA ESPIRITUAL

Esto es una fórmula.

Cuando yo empecé en el ministerio (que para la gloria y honra de Dios ya estamos celebrando 37 años en esta carrerita), a mí me enseñaron que las finanzas no eran algo espiritual, yo siempre separaba una cosa de la otra.

Todo lo que tenía que ver con dinero no se hablaba en la iglesia, no se hablaba de eso porque había un problema con eso terrible. Los predicadores no podían mencionar dinero y había ese estigma de que eso no era algo espiritual. Sin embargo eso no es lo que Cristo nos enseñó.

Cuando yo abrí los ojos en esto y que entendí cómo

funciona la siembra y la cosecha me di cuenta que es todo espiritual.

Dar y recibir es una práctica espiritual y esto me lo había dicho un sabio.

Un pastor llamado César Vicente, un hermano mayor de edad que me dijo muchas cosas que iban al revés de lo que la mayoría decía.

Ya él se fue con el Señor hace muchos años, pero él me dijo una vez: ¡Mira muchacho, en el dar, tú sabes quién está verdaderamente entregado a Dios!

¿Cómo puede ser eso? ¿Qué tiene que ver una cosa con la otra?

Yo pensaba que el que estaba más entregado a Dios era el que más ayunaba o el que más vigilias hacía o el que más obras de caridad completaba.

Años después me di cuenta que este hombre me había dicho muchas cosas que yo no las entendía en ese entonces y que después las vine a entender.

Es más, para empezar me dijo que una persona que no siembra para tu ministerio no está contigo.

¿Por qué? Porque no tiene nada invertido. Las personas invierten solamente en aquello que aman. Eso no lo entendía yo.

Tú no has visto que las compañías hoy en día, parte de lo que tú ganas ellos quieren que lo inviertas en un sistema al que llaman *"profit share"* y ellos mismos te dan dividendos sobre eso.

Si tú trabajas para una compañía grande especialmente compañías que son públicas (que están en Wall Street, en la bolsa de valores) esas compañías quieren que tú como empleado de ellos apartes parte de lo que ganes y sea reinvertido en su misma compañía.

¿Y qué sucede?

Que si tú amas un lugar e inviertes en él, tú no te vas a ir, porque hay fidelidad.

Tú no te vas fácilmente de un lugar si has invertido en él.

Si tú has invertido en algo tú te quedas aún si viene un tiempo malo.

Las personas que no son dadoras pero que de vez en cuando dan al ministerio, un día por cualquier cosita se enojan y salen corriendo.

Tú ves que se van fácilmente porque no tienen nada invertido. No tienen nada que perder.

Hay gente que están en la iglesia y piensan ¿Para qué voy a invertir, si al rato yo me voy? que cosa tan carnal. Tú solamente puedes invertir a algo que amas.

Mira lo que dijo Cristo en Mateo 6...

El Señor habló pura sabiduría y la dijo de una

manera que los que estaban alrededor de él ni sabían lo que estaba pasando.

> *no os hagáis tesoros en la tierra donde*
> *la polilla y el orín corrompe... Mateo 6:19*

Tú tienes que estar desprendido. Si tú estás atado a las cosas terrenales, la avaricia empieza a operar en tí y donde hay avaricia hay una obra de la carne viva operando y eso interrumpe cosechar.

Es más, la avaricia es lo que trae la tendencia a retener. *"Quiero más, lo quiero más grande, quiero otro más bonito, quiero esto, se me antoja aquello, mira qué bonito está ese auto, está más bonito que el mío, quiero el de ella"* y cuando vienes a ver lo que se está activando en ti son otras cosas que no son espirituales.

Fíjate, y te lo vuelvo a repetir y que sea claro.

El propósito por el cual Dios te engrandece es para que seas de bendición, no para que seas lleno de vanagloria.

Acuérdate de la promesa a tu papá Abraham *"te bendeciré, te engrandeceré y serás de bendición"*.

Ahora, Dios no puede ser burlado. Dios no te va a engrandecer para que tú lo gastes en tus deleites y en cosas que mueren y que no producen, o que no tienen trascendencia, no.

No funciona así con Dios.

¡Dios no puede ser burlado!

Dios te deja tener cosas buenas mientras estés desprendido de ellas, el quiere que tú tengas cosas buenas y que las disfrutes mientras estés desprendido de ellas.

Tan desprendido que en cualquier momento lo puedas dar.

Si algo de lo que tú posees no lo puedes dar en cualquier momento, esa cosa ya te está atando, lo que sea, botas, zapatos, calcetines, casa, carro, lo que tú tengas en tu posesión.

Si es algo que no puedes dar ya te posee.

Si hay algo en tu vida, algo material de lo que no te puedes desprender eso te posee.

Dios te deja que tu disfrutes todas las cosas buenas, casas, carros, aviones, barcos, camellos, caballos, lo que sea mientras que ninguna de esas cosas te aten.

Mientras que ninguna de esas cosas cambien la opinión tuya en cuanto a algo.

Que ninguna de esas cosas te vayan a influenciar en cuanto a tú moverte de un lugar a otro para servir a Dios.

Por eso es que los misioneros cuando van al campo misionero (valga la redundancia) una de las cosas que primero se les aconseja es que no compren propiedades, porque si compran una propiedad y luego Dios les quiere mover a otra ciudad a levantar otra obra, están atados.

¿Por qué cree que tan poca gente está dispuesta a ir de misioneros a algún lugar?

Porque hay que dejarlo todo.

Y si tú estás dispuesto a dejarlo todo, Dios estas dispuesto a usarte.

Si tú estás dispuesto a desprenderte de todo, Dios está dispuesto a prosperarte pero tienes que estar dispuesto.

Que no haya nada que te ate, que no haya nada en tu vida que te pueda controlar.

Leamos lo que quiero decir:

> *No os hagáis tesoros en la tierra, donde la polilla y el orín corrompen, y donde ladrones minan y hurtan; sino haceos tesoros en el cielo, donde ni la polilla ni el orín corrompen, y donde ladrones no minan ni hurtan. Mateo 6:19,20*

El mejor banco, el más seguro de todos, el que jamás se va a declarar en bancarrota, es el banco de Dios.

> *Porque donde esté vuestro tesoro, allí estará también vuestro corazón. Mateo 6:21*

Donde está tu tesoro, está tu corazón.

Si tu vista, tu tesoro está en cosas pasajeras, tu corazón está en cosas pasajeras. Si tu tesoro está en cosas eternas, tu corazón está en las cosas eternas.

¿Determina la espiritualidad de una persona la siembra? Claro que sí.

En la manera de sembrar se sabe si una persona está entregada al Señor realmente. El que está desprendido de las cosas terrenales, busca las cosas de arriba, dice la palabra. Mientras más desprendimiento de las cosas de abajo, mas acercamiento a las de arriba. Mientras más te ates a las terrenales, más lejos estás de las celestiales. *"Donde está vuestro tesoro allí estará también vuestro corazón".*

Así que, la entrega de nuestras finanzas a Dios marca el índice de nuestra entrega espiritual.

Mira a Abraham, el padre de la fe.

Dice la Biblia que cuando le dio los diezmos a Melquisedec le dio los diezmos de *todo* y quiere decir todo. No solo dinero, es más, lo que trajo a Melquisedec no era del salario, no era de las ganancias, no era de las entradas regulares de Abraham, fue de algo extra.

La gente por lo regular el fin de semana lo aparta y dice yo le doy a Dios de mi salario.

Alguien me preguntó un día y me dijo: *"Cuándo voy a marcar el porcentaje que le voy a dar Dios, ¿de dónde lo marco del neto o del bruto?"* Y le dije: *"Bueno, depende de qué cosecha quieres, si quieres una cosecha de lo neto o de lo bruto".* Con la medida que mides serás medido.

Ya que te quitaron para el seguro médico, que te quitaron el otro ahorrito que va para allá, de el plan de retiro, que te quitaron para el seguro, que te quitaron del Estado, que te quitaron todas otras cosas. ¿Qué te quedó? la mitad del cheque.

Ah, y además que el César te quitó lo que es del César, ya después dices: *"¡de esto le voy a dar a Dios un tanto por ciento!"* Fíjate que mediste a Dios después de que habías terminado con el César

Nota que los que somos financieramente independientes (o sea que no trabajamos para alguna empresa), no tenemos ese problema porque cuando yo voy a darle al César lo que es del César ya todo lo tuve en mi mano.

Y me dice alguien...

¿Cuál es la regla?

Dios no necesita ni el diez por ciento, ni el quince por ciento tuyo.

Dios quiere tu corazón. Él te quiere a ti con todo, porque cuando tú eres de Dios y todo lo que tú tienes es de Dios, Él puede disponer de todo lo que tú tienes y es entonces que Él te deja tener.

Abraham fue y no dio de su salario.

Vamos a decir, no dio del cheque del viernes una parte.

No. Él dio algo que no estaba en el salario regular.

Porque hay gente que dice: *"¡Yo le doy a Dios! ¡Yo soy diezmador!"* Los fariseos eran diezmadores también, así que no has impresionado a nadie.

Yo conozco diezmadores que han dividido iglesias y son problemáticos.

Diezmador no es necesariamente sembrador, hay gente que da el diezmo por miedo, porque se siente culpable o porque están asustados, no por amor.

¿Tú sabes en qué eres tentado?

Tú no eres tentado con tu chequecito de $120.00 dólares que te dan al fin de semana, de eso darle a Dios un por ciento no es difícil. Más bien, tú eres tentado cuando te llega algo que tú no lo estabas esperando y que es una suma a la cual no estabas acostumbrado y es allí donde tú eres probado.

¿Te imaginas el botín que le quitaron a aquellos cuando llegaron allá? eso fue un despojo grandísimo.

Esta gente despojaron todo, estos habían llegado y se habían llevado todo y todo lo recuperaron.

El despojo era grande y ¿Sabes a quién le pertenecía el despojo? Al que lo recuperaba, y ¿Sabe lo que hace Abraham?

Dice la Biblia que fue delante de Melquisedec el sacerdote que se menciona (sin genealogía ni principio, ni fin de días). A él le dio los diezmos de todo el botín, no de lo regular, no del salario, no de lo normal sino de la abundancia, porque así funciona tu siembra, y Dios te prepara una cosecha.

Y cuando llegue esa cosecha estate seguro de algo, de que te acuerdes de Dios porque eso es lo que te prepara para la próxima cosecha que viene después.

Por lo regular la gente diezma de lo poquito seguro y se engañan a sí mismos, pero ¿a quién van a engañar? si eso es entre tú y Dios.

¿Alguna vez alguien te ha preguntado cuanto tú das?

Nosotros tenemos un ministerio donde jamás se le pregunta a alguien por qué da o por qué no da.

En muchas iglesias denominacionales si tú no diezmas no te ponen en la lista de miembro en plena comunión, es más, no te puedes hacer miembro de la iglesia para empezar.

En este ministerio, jamás nadie te ha dicho nada, aquí tú llegas y te alimentas de la palabra igual que todo el mundo y jamás te van a decir nada.

Eso es entre tú y Dios. Pero toma nota. Dios está pesando tu corazón todo el tiempo.

Yo conocí un pastor que ¿sabe lo que hacía?

El que no daba diezmo lo ponía en una lista y la colocaba en la entrada de la iglesia.

Ahí pegaba la lista en la pared y decía: *"estos son los hermanitos que no están diezmando e incluía todos los nombres"*.

Que tremendo. Los avergonzaba. ¡Qué yugo!

En el caso de Abraham. Él recuperó algo que se veía perdido y hay gente que viene a orarle a Dios por cosas de gente que le deben y dice: *"Señor me deben esto y no me lo quieren pagar"*, oran por cosas que ya están perdidas, que piensan que no las pueden recuperar y ¿Tú sabes por qué Dios no les deja que las recuperen? Porque su corazón no está en darle a él, lo que es de él y mientras su corazón no esté en el lugar correcto Dios deja que eso se pierda.

¿Tú quieres ver a Dios hacer milagros?

Pon tu corazón derecho en esto y tú vas a ver que todos los que te deben te van a pagar. Van a venir a ti, tarde o temprano.

Puede ser que tome tiempo y si no vienen ellos, Dios por otro lado levanta a uno mejor que ellos y te trae abundancia para avergonzar a aquellos que te robaron.

Dice la Biblia que *"si el ladrón fuere sorprendido pagará siete veces[15]"*.

Algo que estaba perdido, ¿te imaginas recuperarlo siete veces? Eso es mejor que estar llevando gente a la corte.

Si Dios está en tu cuestión, eso quiere decir que si alguien te robó, va a pagar siete veces.

Eso dice la Biblia, yo confío lo que dice la palabra de Dios, lo robado se te va a pagar con creces. Hay gente que ha estado perdiendo algo que les pertenece por derecho y le ruegan a Dios que les ayude a recuperarlo pero no están dispuestos a entregárselo a Dios.

Dios no ha hecho nada por ti en esa área porque el corazón no está en el lugar correcto.

Dale lo que estaba perdido a Dios, dáselo antes de recuperarlo, cualquier conquista, arma, botín, herencia, algo que se veía perdido y se ha recuperado, de tus vacas, de tu ropero, de tu despensa, de lo que venga.

De lo que toquen tus manos, de todo.

Yo recuerdo que en el campo misionero nosotros llegamos a lugares donde la gente era de campo, donde no había dinero, pero de vez en cuando en la tarde aparecían dos cajas de tomate. Uno se apareció un día con cinco gallinas y pescado fresco. Esa gente linda, está acostumbrada a dar de lo que Dios les da.

La siembra no se limita a dinero... incluye todo.

24

LA RECESIÓN ES UNA OPORTUNIDAD

LA RECESIÓN ES NECESARIA

Este es un principio maestro que está por encima y detrás y en éste principio se esconden dos principios más.

A todos nos va a llegar o nos ha llegado en algún momento de nuestra vida.

¿Por qué razón? Por dos cosas.

Número Uno (y este es otro principio): *"Dios no te pasa a la abundancia hasta que no hayas entendido el propósito"* y *Número Dos*: *"Si no conoces el propósito de algo, abuso es inevitable"*.

¿Por qué tú crees que los niños que no han sido

entrenados en finanzas no saben cómo darle a Dios?

Todo porque sus padres no los enseñaron y no se les enseña propiamente como llevar sus finanzas, ni cómo ahorrar dinero o como guardarlo. No saben cómo tienen que darle a Dios y a como balancear su libro de cheques.

Si tú no les enseñas a esos niños, cuando esos niños crecen salen allá afuera y lo primero que hacen cuando son mayores de edad es meterse en deuda.

Adquieren una tarjeta de crédito y se van al centro comercial y acaban con la tarjeta y luego aplican para otra tarjeta más y luego para pagar una agarran otra y cuando vienen a ver son unos niños todavía que tiene 24 o 25 años y ahora están ahogados de pura deuda.

Vamos por partes.

Para explicar por qué es en la escasez que el corazón es pesado, será necesario entrar en las dos reglas que siguen (y que están escondidas en esta).

APROVECHA LA RECESIÓN

Echa tu pan sobre las aguas; porque después de muchos días lo hallarás.
Eclesiastés 11:1

Hay un tiempo entre la siembra y la cosecha eso está establecido y el verso 2 dice: *"Reparte a siete, y aun a ocho; porque no sabes el mal que vendrá sobre la tierra".*

Entre el día de la inversión y el día de cosechar dividendos, experimentaremos altas y bajas, y aún crisis.

Cuando la economía empeora, es tiempo de sembrar más.

Eso lo he dicho a la gente desde hace tiempo. Cuando yo me huelo crisis, que viene un tiempo de vacas flacas... cuando oyes a esas vacas que vienen hacia ti moviendo esas campanas, en ese momento, decide que es hora de sembrar.

Siembra hasta lo que no puedas. ¿Sabes por qué?

Porque esa es mi única oportunidad de sobrevivir la crisis.

JOSÉ EN EGIPTO

El Faraón tuvo un sueño que ninguno de los magos de Egipto pudo interpretar.

> *Aconteció que pasados dos años tuvo Faraón un sueño. Le parecía que estaba junto al río; y que del río subían siete vacas, hermosas a la vista, y muy gordas, y pacían en el prado. Y que tras ellas subían del río otras siete vacas*

de feo aspecto y enjutas de carne, y se pararon cerca de las vacas hermosas a la orilla del río; y que las vacas de feo aspecto y enjutas de carne devoraban a las siete vacas hermosas y muy gordas.

Y despertó Faraón. Se durmió de nuevo, y soñó la segunda vez: Que siete espigas llenas y hermosas crecían de una sola caña, y que después de ellas salían otras siete espigas menudas y abatidas del viento solano; y las siete espigas menudas devoraban a las siete espigas gruesas y llenas.

Y despertó Faraón, y he aquí que era sueño. Sucedió que por la mañana estaba agitado su espíritu, y envió e hizo llamar a todos los magos de Egipto, y a todos sus sabios; y les contó Faraón sus sueños, mas no había quien los pudiese interpretar a Faraón.

Entonces el jefe de los coperos habló a Faraón, pues se recordó de cuando estuvo preso y que José interpretando su sueño le salvó la vida.

Entonces Faraón envió y llamó a José. Y lo sacaron apresuradamente de la cárcel, y se afeitó, y mudó sus vestidos, y vino a Faraón... Gen 41:1-14

EL SUEÑO

Entonces Faraón dijo a José: En mi sueño me parecía que estaba a la orilla del río; y que del río subían siete vacas de gruesas carnes y hermosa apariencia, que pacían en el prado.

Y que otras siete vacas subían después de ellas, flacas y de muy feo aspecto; tan extenuadas, que no he visto otras semejantes en fealdad en toda la tierra de Egipto.

Y las vacas flacas y feas devoraban a las siete primeras vacas gordas; y éstas entraban en sus entrañas, mas no se conocía que hubiesen entrado, porque la apariencia de las flacas era aún mala, como al principio. Y yo desperté.

Vi también soñando, que siete espigas crecían en una misma caña, llenas y hermosas.

Y que otras siete espigas menudas, marchitas, abatidas del viento solano, crecían después de ellas; y las espigas menudas devoraban a las siete espigas hermosas; y lo he dicho a los magos, mas no hay quien me lo interprete. Gen 41:17-24

LA INTERPRETACIÓN

Entonces respondió José a Faraón: El sueño de Faraón es uno mismo; Dios ha mostrado a Faraón lo que va a hacer.

Las siete vacas hermosas siete años son; y las espigas hermosas son siete años: el sueño es uno mismo.

También las siete vacas flacas y feas que subían tras ellas, son siete años; y las siete espigas menudas y marchitas del viento solano, siete años serán de hambre.

Esto es lo que respondo a Faraón. Lo que Dios va a hacer, lo ha mostrado a Faraón. He aquí vienen siete años de gran abundancia en toda la tierra de Egipto.

Y tras ellos seguirán siete años de hambre; y toda la abundancia será olvidada en la tierra de Egipto, y el hambre consumirá la tierra.

Y aquella abundancia no se echará de ver, a causa del hambre siguiente la cual será gravísima.

Y el suceder el sueño a Faraón dos veces, significa que la cosa es firme de parte de Dios, y que Dios se apresura a hacerla.
Gen 41:25-32

LA ESTRATEGIA:
CÓMO PROSPERAR EN MEDIO DE LA
RECESIÓN ECONÓMICA

Por tanto, provéase ahora Faraón de un varón prudente y sabio, y póngalo sobre la tierra de Egipto.

Haga esto Faraón, y ponga gobernadores sobre el país, y quinte la tierra de Egipto en los siete años de la abundancia.

Y junten toda la provisión de estos buenos años que vienen, y recojan el trigo bajo la mano de Faraón para mantenimiento de las ciudades; y guárdenlo.

Y esté aquella provisión en depósito para el país, para los siete años de hambre que habrá en la tierra de Egipto; y el país no perecerá de hambre. Gen 41:33-36

Ahí está la ciencia.

Pon aparte 20%, de lo que produzca la tierra, o sea, una 5ta parte.

Le invito a leer el resto de la historia en detalles, pues es un texto hermoso e inspirador.

El Faraón puso a José como gobernador de todo Egipto, y no solo sobrevivieron la crisis, también Dios los prosperó en medio de la recesión.

OPORTUNIDAD EMPRESARIAL

Y de toda la tierra venían a Egipto para comprar de José, porque por toda la tierra había crecido el hambre. Gen 41:57

Y José era el señor de la tierra, quien le vendía a todo el pueblo de la tierra; y llegaron los hermanos de José, y se inclinaron a él rostro a tierra. Gen 42:6

Entonces compró José toda la tierra de Egipto para Faraón; pues los egipcios vendieron cada uno sus tierras, porque se agravó el hambre sobre ellos; y la tierra vino a ser de Faraón. Gen 47:20

Como hemos leído, entendemos que Dios puede prosperarnos en medio de crisis económicas, si estamos dispuestos oir su voz y poner por obra los principios económicos que están en su palabra.

25

NO HAY ABUNDANCIA SIN PROPÓSITO

Regresando a los niños a los cuales sus padres no les entrenaron en cuestiones de finanzas y crecieron y fueron y se metieron en deudas.

¿Por qué razón les paso eso? porque no conocían el propósito y cuando tú no conoces el propósito de algo, abuso es inevitable.

Es como los hijos de ricos que los padres no les enseñaron y de pronto toman la herencia entera y la avientan y la estropean y la acaban despilfarrando por todos lados. *"Se me antoja comprar un yate, o compra este avión"*, etc... y se lo gastan todo.

Hasta que no conozcas el propósito por el cual ése bien te es dado tú vas a estar malgastándolo.

Si tú no conoces finanzas, vas a tener un problema

grave en tu vida.

Finanzas debe ser algo que se les enseña a nuestros hijos sistemáticamente, debe aprenderse como se maneja el dinero.

Si yo le doy a mi hijo ahora cincuenta dólares, antes de que yo llegue a la otra esquina ya él se los gastó, él les busca un uso enseguida.

Pero si yo lo traigo a trabajar conmigo y le pago por hora ese dinero y se le pone viejo en la cartera y no lo gasta, luego dice: Papá quiero esto y le digo tú tienes dinero. Él dirá: "No, ese no". ¿Por qué? Porque le costó.

Mi hijito *"¿verdad que cuesta trabajo?"* *"Si papá"*, Ah que bueno.

"¿Tú sabes para que lo tienes?" *"¿Para qué Papá?"*

"Para que lo inviertas y para que lo uses bien. Para que cuando venga la oportunidad de algo estés listo para esa oportunidad". Así que nosotros tenemos que educar a nuestros hijos y enseñarles el propósito de las riquezas, el propósito de las cosas. Y no solo a ellos. Nosotros ya crecimos y es posible que nadie nos haya educado en esta área.

Nosotros también debemos aprender cual es el propósito de las finanzas.

En Deuteronomio capítulo 8 vas a ver un ejemplo de esto.

Vamos a la ley, al libro número 5 de la ley (o Pentateuco) y dice el verso 2:

> *Y te acordarás de todo el camino por donde te ha traído Jehová tu Dios estos cuarenta años en el desierto, para afligirte, para probarte, para saber lo que había en tu corazón, si habías de guardar o no sus mandamientos. Deuteronomio 8:2*

¿Para qué fueron afligidos en el desierto?

Para saber lo que había en su corazón.

La escasez es la manera en que el corazón es pesado.

El que ya está en abundancia ya salió de escasez y se mantiene en abundancia.

El que entra en algún tipo de prosperidad, que puede ser que sea una prosperidad en este caso temporal y no conoce estas cosas, regresa a la escasez, y tú vas a regresar a la escasez las veces que sea necesario, hasta que aprendas la lección.

Esto no es el sistema de escuelas de California que te pasan de un grado para otro. Que te dan promoción para que tú estima no se baje.

Esto no es la escuela del Estado. En la escuela de Dios tú vas a estar en el mismo grado hasta que lo apruebes bien. Aquí no hay promociones pasando de un grado para otro sin saber nada.

No, tú vas a sacarlo y lo vas a sacar bien y hasta que no aprendas la lección en ese nivel no vas a pasar al próximo nivel.

Es que hay gente que está arrastrándose en el mismo nivel, que está dando vueltas en el mismo nivel y que continúa tropezando con lo mismo porque no han aprendido la lección. Una vez que la aprendan se mueven al próximo nivel.

> *Cuando yo era niño, hablaba como niño,*
> *pensaba como niño, juzgaba como niño;*
> *mas cuando ya fui hombre, dejé lo que*
> *era de niño. 1 Corintios 13:11*

Así que tienes que entender las cosas para qué pasan, para que puedas ir al próximo nivel, para que puedas crecer.

Es como cuando alguien cae y falla a Dios y hace una cosa que no debía hacer y se queda allí y ¿Por qué se está quedando allí? Porque no ha aprendido.

¿Por qué tú crees que hay gente que se casa y se divorcia y en el segundo matrimonio les va mal y el tercero le va mal y el cuarto le va mal y las cinco mujeres que han tenido las acusan de lo mismo a las cinco?

¿Por qué alguien repite el trauma una y otra vez? Y bueno, se entiende que alguien tenga un fracaso y le pueda ir mal. Cualquiera fracasa, pero aprende de su fracaso.

Pero hay otros que no aprenden. Son atraídos por las mismas cosas una y otra vez.

Hay que aprender a vivir. Esto es un arte y hay que aprenderla. Los golpes financieros, las malas decisiones, los errores nos deben enseñar algo.

Dice Deuteronomio 8:3

> *Y te afligió, y te hizo tener hambre...*

¿Ha pasado hambre usted alguna vez? ¿Aprendiste algo?

Qué bueno, gloria a Dios y si no aprendiste vas a seguir pasando hambre hasta que aprendas.

> *...y te sustentó con maná, comida que no conocías tú, ni tus padres la habían conocido, para hacerte saber que no sólo de pan vivirá el hombre, mas de todo lo que sale de la boca de Jehová vivirá el hombre.*

Deuteronomio 8:4

> *Tu vestido nunca se envejeció sobre ti, ni el pie se te ha hinchado en estos cuarenta años.*

26

SI NO CONOCES EL PROPÓSITO DE ALGO, ABUSO ES INEVITABLE

¿Y todo esto para qué?

En Deuteronomio está el propósito.

> *y digas en tu corazón: Mi poder y la fuerza de mi mano me han traído esta riqueza. Deuteronomio 8:17*

Esto es lo que Dios detesta.

Que tú digas mira, lo logré porque soy inteligente, lo logré porque estudié y soy muy talentoso.

Lo logré porque soy bien parecido y soy guapo, y lo hice porque soy tremendo.

Eso es lo que Dios detesta. A Dios no le gusta eso, a Papá no le gusta eso.

Dios quiere que la gloria sea toda para él. Él no la

comparte con el género humano.

Él no comparte su gloria con nadie, él no quiere que tú digas: *"Yo fui, fue mi habilidad, lo hice porque soy buen vendedor. Mi poder y la fuerza de mi mano me han traído esta riqueza"*.

No.

Deuteronomio 8:18

> *Sino acuérdate de Jehová tu Dios, porque él te da el poder para hacer las riquezas, a fin de confirmar su pacto que juró a tus padres, como en este día.*

El propósito es de confirmar su pacto.

¿Sabes por qué Dios está interesado en que tú estés prosperado en todas las cosas? Porque tú eres partícipe del pacto que él hizo con Abraham.

Sabes que ese pacto dice ¿Que la ley que vino después no la pudo invalidar?

No pudo invalidar ese pacto.

¿Cómo tú vas a andar diciendo a la gente que eres hijo de Abraham por ahí y te ven que andas mendigando?

"¡Oh yo estoy bendecido! y dicho sea de paso ¿me prestas unos veinte dólares hermano? porque estoy un poco aplastado esta semana".

No. Esto no habla bien de tu relación con Dios.

Si tú eres partícipe de ese pacto que Dios hizo con tu padre Abraham, es necesario que lo representes bien.

Cuando tu eres prosperado de la manera que Dios ha preparado, su pacto es confirmado en ti. Esto es glorioso.

PRODUCTIVIDAD ESTRATÉGICA INSPIRACIONAL

27

DEJA LA MENTALIDAD DE CRISIS

El equipo que funciona con baja adrenalina.

Cuando no conocemos los principios que nos preparan para multiplicar capital, es muy difícil administrar una organización. Siempre habrá crisis financiera.

Ha asistido usted o ha sido parte de una cruzada donde la última noche salen los líderes a la plataforma a levantar una ofrenda de emergencia. Ha notado la presión que ponen sobre la gente.

Parecería que un equipo que continuamente tiene presión financiera es un equipo dinámico que funciona con alta adrenalina, pero la realidad es que esto no es saludable ni positivo.

Prefiero trabajar en un equipo donde nunca hay crisis financiera. Un equipo proactivo, que planea estratégicamente su economía con tiempo. No crisis. No drama.

Podrías llamarle: *"un equipo con baja adrenalina"*, pero yo veo los beneficios de trabajar sin presión, con un ritmo estable, firme pero eficaz y con logros constantes.

Para lograr trabajar con esta dinámica, es necesario que aprendamos a crear un continuo capital de operaciones.

> *Porque ¿quién de vosotros, queriendo edificar una torre, no se sienta primero y calcula los gastos, a ver si tiene lo que necesita para acabarla? Lucas 14:28*

He oído un dicho y es muy antiguo, que dice así:

Si fallas en planear, planeas en fallar.

Para llevar adelante nuestras operaciones sin mentalidad de crisis debemos ser proactivos en cuanto a planeación. Recuerda que *"los pensamientos del diligente ciertamente tienden a la abundancia"* *(Proverbios 21:5)*.

He escrito en otros lugares en cuanto a cómo crear un ritmo de trabajo, hábitos que te permitirán avanzar sin estrés y hacer que el proceso de cada proyecto sea una experiencia agradable. Le recomiendo la serie: *"Cómo ser libres de la prisa y sus agentes: la ansiedad, el estrés y la intranquilidad"* como material complementario a este principio.

28

COMUNICA LA VISIÓN CON CLARIDAD

INSTRUCCIONES ESPECÍFICAS MINIMIZAN EL MARGEN DE ERROR

Uno de los problemas más graves que he notado que está sucediendo en la preparación de eventos en los últimos meses parece ser *"comunicación"*.

Y no es que no hablemos. Más bien parece ser que muchos amados muestran tener problema con *"seguir instrucciones"*.

Será ADD *(Attention Deficit Disorder)* o *(síndrome de déficit de atención)*, o nuestra idiosincrasia latina de *"más o menos"* o *"al rato lo hacemos"* o *"ahí se va"* lo que ataca directamente al deseo de hacer las cosas con excelencia.

Y si es para Cristo, todos estamos de acuerdo en que *"debemos hacer lo mejor"* y hacerlo con *"excelencia"* ¿cierto?

Dice la Biblia:

> *Y todo lo que hagáis, hacedlo de corazón,*
> *como para el Señor y no para los hombres*
> *Colosenses 3:23*

Bueno. No se pueden hacer las cosas con excelencia si no se escucha bien cuáles son las instrucciones y se siguen al pie de la letra. De no ser así, existirá *"espíritu de confusión y desorden"* y eso no es de Dios.

Dios es un Dios de orden (1 Corintios 14:40).

En este día exhorto, primero a nuestro equipo de trabajo, luego a todo el que quiere que laboremos juntos en la viña y a todo aquel que quiere hacer bien hechas las cosas que son para nuestro Dios. El Rey y Señor de toda la tierra.

Propongo 3 precauciones a tomar cuando hacemos acuerdos o emprendemos la preparación de algo.

1- Seamos específicos. Quién va a llegar, a qué hora, por cuál línea aérea y quién está designado a esperarlo. Quién va cantar antes del mensaje, cuántos cantos va a cantar, quién es el ingeniero a cargo del sonido que pondrá la pista. Donde es la reunión, quién está a cargo del edificio, quién tienes las llaves y donde se apagan las luces.

2- Pongamos todo por escrito. Nosotros tenemos la costumbre de enviar croquis para el diseño de plataforma, luces, sonido así como registros específicos para cada persona que va a participar, ya sea en seguridad, consejería, intercambios musicales, o cualquier otra persona trabajando en un evento. Si esos registros se llenan y siguen al pie de la letra, la administración sabrá quién está a cargo de qué. Así evitaremos tener 500 voluntarios corriendo de un lado para otro sin dirección.

Debemos escribir cada trato, cada dirección, cada arreglo, y aún en el día del evento donde los directores de cada área dan instrucciones verbales, estas van basadas en un protocolo que ya está escrito.

3- Repítalo otra vez. Si no estamos seguros de algo, pida que se repita. Si no se entiende una palabra, pida un sinónimo. No tomemos nada por sentado si no estamos seguros de lo que se está diciendo.

Como líderes debemos ser específicos.

Así evitaremos:

1- Malos entendidos.

2- Disgustos entre co-equiperos.

3- Sorpresas no gratas.

4- Atrasos en la producción de frutos.

Recuerde este principio principal de liderazgo.

29

USA TU IMAGINACIÓN

CREATIVIDAD Y COLOR

Siempre han existido personas prácticas.

Gente estructurada, disciplinada, en los cuales pragmatismo es la regla y el estilo que rige sus vidas.

El orden que existe en estos es tan efectivo que los mismos tienden a ser exitosos en la continuidad y permanencia de grandes empresas.

Es este orden, señal de madurez y el resultado de gran persistencia y arduo trabajo, y en realidad son estas cualidades las que permiten que alguien triunfe en cualquier obra, ya sea espiritual o empresarial.

EMPRENDEDORES SON SOÑADORES

Con todo lo buenos que son la disciplina y el orden, esto no garantiza que una persona pueda triunfar en determinada obra.

Aunque estas cualidades son importantes e indispensables para la continuidad y desarrollo de aquello que se ha comenzado; se necesita el espíritu emprendedor para comenzar dicha obra, y la realidad es que no se puede emprender algo si no se sueña primero.

Cuando hablo de soñar, no me refiero a la experiencia que sucede a todo ser humano cuando recuesta su cabeza en la almohada. De los sueños a los cuales me refiero es de aquellos que nacen de la imaginación.

Sí. Necesitamos personas con gran imaginación para diseñar la máquina que otros con disciplina y orden mantendrán funcionando.

COSAS QUE NO SE APRENDEN

Disciplina y orden es algo que se aprende. En realidad repetición no necesita mucha inteligencia.

Una persona que se levanta temprano y va a trabajar y hace lo mismo todos los días es alguien admirable, pero no necesariamente inteligente. Podemos aprender y acostumbrarnos a hacer cosas mecánicas que producirán grandes frutos y para esto no se necesita mucha imaginación.

Imaginación es algo que no se aprende. Esto es algo que brota del alma. En realidad es un misterio, pero aun cuando no se pueda lógica o matemáticamente explicar; es *"imaginación"* el elemento indispensable para todo aquello que requiera un diseño, y la verdad es que todo lo que se vaya a emprender necesita un diseño.

Me admiro al ver los grandes rascacielos en diferentes ciudades del mundo. ¡Qué belleza de construcción! Algunos parecen estar tocando con los dedos al mismo cielo.

Estos demuestran la creatividad y el ingenio que Dios ha depositado en la mente del ser humano.

Lo más tremendo es que cada uno de esos proyectos comenzó en la imaginación de algún arquitecto.

TODO COMIENZA EN LA IMAGINACIÓN

Esto es algo poderoso.

Aun la creación, que es tan precisa; comenzó en la mente de Dios.

Dios es un Dios de diseños.

Usted puede notar cuando Dios le dio a Moisés las instrucciones para hacer el tabernáculo, como hay gran atención en las medidas y los detalles.

Yo creo que la imaginación es un don. Es algo que Dios regala a unos. No se aprende. En la mayor parte de los casos, no se puede explicar.

Y es esa imaginación, el motor impulsor detrás de tu sueño.

Aquello que te emociona. Que a nadie más se le ha ocurrido. Que parece imposible de lograr. Que si se lo cuentas a alguien, dirá que estás divagando o padeces de repentina locura.

Aquello que alguien te dijo que no podías hacer. Donde las reglas convencionales no aplican. Ese es tu sueño. Esa es tu misión.

Atrévete a soñar.

CREATIVIDAD E IMAGINACIÓN

Recuerdo estando en el colegio años atrás, que la profesora nos instó a usar nuestra imaginación en un trabajo de composición creativa *"creative writing"*. Ella dijo: *"Deben usar su imaginación, incluir elementos pintorescos, que traigan colorido al escrito"*.

Es importante a la hora de realizar nuestro servicio a Dios, lo hagamos con la mayor creatividad. Nosotros los que somos llamados a presentar el mensaje de Cristo, debemos buscar moldes y maneras en que ese mensaje sea relevante a la generación o cultura que tenemos presente.

Es por eso que a la hora de formar un proyecto, ya sea evangelístico, de iglesia, o misiones, usemos todas las formas que tenemos a nuestra disposición, comenzando con el diseño de dicho proyecto.

PROFETAS DANZANDO

Después de esto llegarás al collado de Dios donde está la guarnición de los filisteos; y cuando entres allá en la ciudad encontrarás una compañía de profetas que descienden del lugar alto, y delante de ellos salterio, pandero, flauta y arpa, y ellos profetizando. 1 Samuel 10:5

Me cuesta trabajo a mi saber que estos profetas traían salterio, pandero, flauta y arpa y no hayan venido danzando.

La imagen que tengo de estos profetas al leer este pasaje es de profetas alegres, llenos de gozo, los cuales dentro de todo, estos están profetizando. Esto lo vemos más tarde en el verso once, cuando Saúl comenzó a profetizar entre ellos, cosa que produjo un dicho entre el pueblo: ¿Saúl también entre los profetas?

Es una representación gráfica y creativa la manera en que estos hombres comunicaban el mensaje.

Cuando usted estudia a los profetas, puede notar que estos poseían maneras muy creativas de entregar sus mensajes.

En ocasiones estos mensajes eran actuados o representados de una manera tan gráfica que los recipientes no tenían espacio para malinterpretarlos.

El mensaje era comunicado efectivamente.

AGABO

Y permaneciendo nosotros allí algunos días, descendió de Judea un profeta llamado Agabo, quien viniendo a vernos, tomó el cinto de Pablo, y atándose los pies y las manos, dijo: Esto dice el Espíritu Santo: Así atarán los judíos en Jerusalén al varón de quien es este cinto, y le entregarán en manos de los gentiles. Hechos 21:10 y 11

Es tremendo ver la manera visible que el profeta usa para comunicar efectivamente el mensaje. Este tomó el cinto de Pablo y se ató los pies y las manos.

Existe un dicho muy antiguo que dice que *"una imagen habla más que mil palabras"*... vaya, aquí está en aplicación.

Para explicar la manera en que el Apóstol habría de ser atado, Agabo se ató las manos y los pies.

Usted dirá: *"Bueno, en realidad esa fue una profecía y fue inspirada por el Espíritu Santo"*...

Claro, así es. Y ya hemos dicho que Dios es un Dios de diseños... ¿de dónde cree usted que vino la inspiración de atarse las manos y los pies?

Lo que salió de la boca de Agabo fue inspirado por Dios, y el despliegue de lo actuado también fue inspirado por Dios.

Debemos dejar que Dios nos inspire no solo lo que hablamos, también la manera en cuanto a cómo lo comunicamos.

EZEQUIEL

Varios eventos me vienen a la mente cuando recuerdo las drásticas maneras usadas por el profeta para entregar los mensajes que Dios le daba. Más aun. Me llama la atención cómo Dios mismo participa, no solo en el mensaje sino también en la forma que es entregado.

> *Y tú, hijo de hombre, tómate un cuchillo agudo, toma una navaja de barbero, y hazla pasar sobre tu cabeza y tu barba; toma después una balanza de pesar y divide los cabellos. Una tercera parte quemarás a fuego en medio de la ciudad, cuando se cumplan los días del asedio; y tomarás una tercera parte y la cortarás*

con espada alrededor de la ciudad; y una tercera parte esparcirás al viento, y yo desenvainaré espada en pos de ellos. Tomarás también de allí unos pocos en número, y los atarás en la falda de tu manto. Y tomarás otra vez de ellos, y los echarás en medio del fuego, y en el fuego los quemarás; de allí saldrá el fuego a toda la casa de Israel. Así ha dicho Jehová el Señor: Esta es Jerusalén; la puse en medio de las naciones y de las tierras alrededor de ella. Y ella cambió mis decretos y mis ordenanzas en impiedad más que las naciones, y más que las tierras que están alrededor de ella; porque desecharon mis decretos y mis mandamientos, y no anduvieron en ellos. Por tanto, así ha dicho Jehová: ¿Por haberos multiplicado más que las naciones que están alrededor de vosotros, no habéis andado en mis mandamientos, ni habéis guardado mis leyes? Ni aun según las leyes de las naciones que están alrededor de vosotros habéis andado. Así, pues, ha dicho Jehová el Señor: He aquí yo estoy contra ti; sí, yo, y haré juicios en medio de ti ante los ojos de las naciones. Ezequiel 5:1-8

Me atrevería a decir *(y mi teología pudiera estar mal, ¡Que los teólogos me juzguen!)* que existe algo artístico en la manera en que este mensaje ha sido entregado.

Toma gran imaginación para haber usado los cabellos del profeta para representar los juicios que habrían de venir sobre Jerusalén. Y... ¿de dónde viene esta imaginación?

Por supuesto, proviene del que le dio la palabra al profeta. El Dios del universo. Él es creativo... después de todo ¿de dónde proviene la creación?

De ahí que yo creo muy profundamente que creatividad debe estar envuelta en todo lo que hacemos. Especialmente *"en todo lo que hacemos para Dios"*.

30

SIMPLIFICA TODO

Mantener las cosas simples, es en realidad un arte. El maestro que trata de impresionar a sus alumnos con conceptos complicados y palabrería técnica, suele perderlos antes de consumar su primera lección.

> *"belleza de estilo, armonía, gracia y buen ritmo dependen de simplicidad" –Platón*

Puede ser un reto simplificar las cosas, sin embargo es necesario que como maestros aprendamos el arte de simplificar las cosas.

He aprendido esto con los años, y después de tener algunas malas experiencias. En el pasado me sucedió *(más de una vez)* que traté de darle toda la información a los estudiantes *(creyendo yo que toda esa información era importante)* y en el proceso no fui muy favorecido por el reloj.

No solo que la clase se hizo larga y complicada, también los estudiantes perdieron el sabor de la lección en el proceso. Y esto sería bueno si por lo menos estos habrían podido entender de qué se trataba la clase.

La cuestión es que aun si todo el material que tenemos que compartir es importante, debemos sacar lo más importante de lo importante (valga la redundancia).

Sí.

Debemos ser expertos en tomar todo lo que es importante y de ahí sacar lo imprescindible.

La idea es esta:

Por tan importante que sea todo lo que tenemos para entregar...

1- La restricción del tiempo hará que no podamos entregarlo todo.

2- La mente común está limitada por la cantidad de información que puede procesar.

3- La mucha información produce cansancio.

4- La mente solo asimila cosas en intervalos.

Explicando este último punto.

Las investigaciones sobre este tema indican que en circunstancias normales, no se puede fijar la atención más de veinte minutos, además, del hecho de que de todo lo que se percibe y experimenta, sólo se puede recordar conscientemente alrededor de un veinte por ciento[16].

De ahí que los que enseñamos o predicamos, ya sea desde púlpitos o en cuartos de clases en distintos niveles de educación, debemos buscar la manera de mantener a la audiencia envuelta en el proceso de la enseñanza.

Ideas que nos pueden ayudar a simplificar información y retener la atención de los oyentes durante la presentación:

- Respetar los descansos y no prolongar las exposiciones más del tiempo prudente recomendado.

- Matizar las clases con ejemplos relacionados con la actualidad.

- Incentivar a los alumnos u oyentes a realizar preguntas o hacerles preguntas relacionadas con lo que estás enseñando.

- Incluir diseños, gráficos o bien imágenes, diapositivas o videos, ya que la percepción gráfica ayuda a prestar atención y a registrar en la memoria mucho más que un extenso y aburrido monólogo.

- Hablar con matices y no en forma monótona, repitiendo y poniendo énfasis en lo que es esencial.

- Aprender a ser elocuente, que significa adquirir

la capacidad de mantener el interés del público mediante una forma de hablar que deleite, convenza, impresione y conmueva y que además logre despertar la curiosidad del que escucha.

También existen técnicas para que el oyente pueda prestar más atención, cuando la disertación se convierte en algo monótono que hace que la mente divague:

- Tomar apuntes de los conceptos esenciales, ya que esta tarea exige realizar una operación más compleja que la atención, como es la abstracción. De esta manera la persona puede mantenerse alerta, favorecer el registro de los contenidos o evitar ser invadida por sus propios pensamientos.

- Participar haciendo preguntas sobre lo que no se entiende y además sirve para aclarar las dudas.

- Involucrarse en los temas que se están tratando y tomar una posición, adoptando una actitud crítica e intentando ver otros aspectos que no se han tenido en cuenta, o que se ignoran, para poder sostener determinadas formas de pensar.

- Comprometiéndose, porque si no hay compromiso, disminuye el interés, la motivación y es imposible prestar atención.

Por supuesto, no todo es técnico. No podemos ser robots y siempre seguir una lista mecánica para simplificar las cosas ya que cada persona posee sus propios dones.

De hecho, la lista anterior aplica más a maestros en instituciones donde la enseñanza está muy estructurada. Donde el maestro recibirá un grueso libro al principio del semestre y una cantidad limitada de horas para exponerlo.

Algunos de nosotros que nos movemos más por inspiración y que durante la predicación tomamos direcciones repentinas guiados por la unción del momento, creo que es muy productivo que mantengamos siempre presente cuatro cosas.

1- Simplificar la entrega a los menos puntos posibles (el antiguo mensaje de tres puntos todavía funciona, y por alguna razón tantos grandes predicadores del pasado usaron ese estilo).

2- Usar ejemplos gráficos. Si no son dibujados o proyectados en forma de fotos o videos, que sean ilustraciones vívidas y descriptivas.

3- Mantenerlo real. Usemos historias de la vida real (cosas que nos han acontecido personalmente). Recuerde que personas conectan con personas.

4- Excluye todo lo que no es indispensable. Los predicadores tenemos la tendencia de poner mucha grosura en el plato. Como en los sacrificios antiguos, debemos quemar las grosuras. Hay cosas que no son necesarias en el mensaje.

Siguiendo la célebre frase de Platón.

Belleza de estilo: El don da estilo propio, aun así, Pablo nos enseña a *"adornar la doctrina"*. Diseñe el paquete en el cual el mensaje viene envuelto.

Armonía: Como una orquesta, todas las ideas deben ir en un acorde. Mantengámonos dentro del tema.

Gracia: Entreguemos el mensaje con buen humor. Dios no está enojado. Jesucristo ya llevó sobre él mismo la ira de Dios. Predique en amor. No regañando. La exhortación no es regaño.

Buen ritmo: Las ideas deben ir entrelazadas, con continuidad. Debe existir un fluir de principio a fin de la entrega.

Todo depende de simplicidad.

Entreguemos el mensaje de manera sencilla, para que la abundancia de información no sea un tropiezo. Para que todos puedan entender y así sean edificados.

31

SE TRANSPARENTE

AUTENTICIDAD Y LOS MILLENNIALS

Los millennials. La generación más grande.

Aquellos nacidos entre el 1981 y 1997, ha sido una generación formada por intensos sucesos y cambios. Experimentaron el ataque más grande a nuestra nación el 11 de Septiembre del 2001, la gran recesión económica del 2008, la elección del primer presidente no procedente de la raza blanca y el gran surgimiento del internet global. Comparada con otras generaciones, los millennials se muestran menos interesados en matrimonio, religión, ejército o partidos políticos.

Pero una cosa si valora este generación. Autenticidad.

Ellos no serán impresionados por el carisma o personalidad de un líder. No son seguidores, tienden a ser más pensadores con mucho individualismo.

Valoran la honestidad y la verdad, y tienen a su mano las fuentes de información para comprobar si lo que se les dice es verdad y además si tiene sentido.

Es por eso que los predicadores que manipularon otras generaciones proyectando tener un conocimiento o revelación única o superior, no pueden impresionar a esta generación, y esto es muy bueno. Esto hace que legitimidad y transparencia sean constantes en la vida de la iglesia y el liderazgo cristiano.

Por otro lado, la autenticidad no se puede fingir. Entonces alguien que trate de proyectar ser auténtico sólo por el hecho de alcanzar a los milenios no pasará la prueba.

Yo creo que estamos en un tiempo donde todo fundamento es sacudido y solamente todo lo que es solo y verdadero tendrá una verdadera función dentro del cuerpo de Cristo. Esto es buenas noticias.

COMO PUBLICAR TUS DEFECTOS

Los días de predicadores superhombres que proyectaban tener todos sus problemas resueltos ya han terminado.

La presente generación aprecia y respeta más a un líder que no esconde su humanidad.

Como comunicador, conferencista, predicador, no temas que tus defectos sean visibles.

Los millennials a parte de valorar autenticidad, también es una generación que posee gran tolerancia y aceptación hacia aquellos que no llegan a la marca.

Generaciones anteriores juzgaban más duramente a personas que fuesen diferente a ellos o que cometieran un error. Fueron generaciones más fariseas, más legalistas, y menos tolerantes.

Con esto en mente, el líder de hoy no debe tener miedo en exponer sus defectos.

- Habla de los problemas que enfrentas.

- Habla de la enfermedad.

- Habla de tus dudas.

- Habla de tus conflictos internos.

Tu audiencia apreciará tu sinceridad.

Se transparente.

INTEGRIDAD PRÁCTICA

En América Latina han existidos muchos abusos de partes de líderes cristianos, especialmente en el área de eventos masivos.

Usted vió como un predicador famoso vino a una

ciudad y llenó un estadio y recogió tres ofrendas antes de predicar. En ocasiones hasta con profecías directas ofreciendo beneficios materiales a cambio de donaciones.

Estas prácticas han dañado a mucha gente.

Nosotros como equipo hemos tenido que enfrentar los escepticismos de parte de los pastores en ciudades cuando vamos a desarrollar un proyecto de festival.

Para poder contrarrestar los efectos de los daños que han causado otros que vinieron antes a esa ciudad, hemos tomado medidas saludables, por ejemplo:

- No recogemos ofrendas en los eventos.

- Las entradas a los conciertos y talleres y a todo lo que está pasando en el festival es gratis.

- No se le pide dinero a las iglesias locales.

- No se vende nada en el festival.

Además, nuestro equipo trabaja arduamente trayendo labores humanitarias y proyectos de beneficio público, para mejorar las vidas de los habitantes de esa ciudad.

Usted se preguntará, ¿entonces cómo hacen para pagar por todo eso?

Buena pregunta, pues todo cuesta dinero.

Para sufragar los gastos de un proyecto procuramos

asociarnos con organizaciones y entidades que piensan igual que nosotros.

Además confiamos que si es la voluntad de Dios que llevemos a cabo un proyecto, Él proveerá los donadores y personas que crean en lo que estamos haciendo y sientan en su corazón invertir en ello.

Nuestros socios reciben un reporte transparente y bien explicado en cuanto a cómo se usó cada centavo invertido en el proyecto.

CARÁCTER Y COMPORTAMIENTO MORAL

Yo creo que quienes pueden hablar más por ti y dar testimonio de tu vida, tu carácter, tu decencia y moralidad, son primeramente tu familia y luego tu equipo.

La esposa y los hijos de un líder reflejan el espíritu de ese líder. Esto no quiere decir que estos están exentos de error. Un gran líder tendrá hijos que atravesarán la adolescencia como cualquier otra familia y tendrán pruebas familiares como todos. Sin embargo, el carácter e integridad del líder será probado en todas las circunstancias de su vida y al final, este seguirá mostrando firmeza y estabilidad espiritual, lo cual es el sello de su carácter.

El otro factor es el equipo. Aquellos que continuamente están a tu alrededor, en la oficina, en el avión, en los eventos. Estos te ven operar bajo presión. Enfrentar obstáculos y ataques, y continuamente ven como reacciones. Ellos te ven cansado y ven tu humanidad.

Especialmente aquellos que llevan años trabajando contigo y todavía están a tu lado. Eso habla muy fuerte de tu carácter como líder y como ser humano.

Un buen líder es la misma persona cuando está en casa, cuando está en la oficina, y cuando está hablando en público. Esto lo hace honesto y sincero.

32

ESTABLECE HÁBITOS EN LUGAR DE METAS

Yo creo que aunque sí es importante que tengamos visión clara en cuanto hacia dónde vamos, no debemos poner un énfasis desmedido en las metas*.

En lugar de metas, por qué no pensamos en sistemas, en hábitos, los cuales nos llevarán al mismo lugar con la diferencia que lo haremos sin presión y disfrutaremos más el proceso.

Permítame compartir con usted algunos pensamientos sobre por qué la práctica de crear buenos hábitos es importante para que vivamos una vida mejor, más sencilla y con mayor gozo.

HÁBITOS EN LUGAR DE METAS

Si usted necesita perder 100 libras de peso, esto

pudiera crearle mucha presión. ¿Por qué no nos concentramos en sólo en perder una pocas libras por ahora?

Podríamos crear algunos hábitos saludables que con el tiempo produzcan resultados. Concéntrate en perder una libra y ya que has perdido esa libra, entonces celebra que has manejado bien ese nivel y continúa practicando ese nuevo hábito. Repite el proceso de perder una sola libra.

Pudiera ser un hábito que consiste en comer ciertos tipos de alimentos en lugar de otros, o el hábito de caminar largas distancias.

Mientras practicas este nuevo hábito, será más fácil y eventualmente cosecharás los buenos resultados sin estresarte, sin frustración y sin desánimo.

La idea de nuevos hábitos es no crear altas expectaciones, pero sí un buen ritmo. Altas expectaciones traen desánimo si llegar a la meta comienza a parecer mas lento que lo esperado. Por eso yo digo: *"Olvida las metas"*. Crea más bien un ritmo. Un proceso que te llevará al lugar deseado.

Verás que, mientras caminas por esa senda, comenzarás a amar el proceso.

No lo apures. Para y huele las flores, y antes de que te des cuenta habrás llegado a tu destino. Y arribarás feliz, lleno de gozo y listo para crear tu siguiente aventura.

HÁBITOS EN LUGAR DE RESOLUCIONES

Existe un parque cerca de donde vivo. Es interesante que cada año nuevo, los primeros días del año cuando salgo a hacer mi caminata de la mañana en los trillos que están detrás del parque veo a mucha gente corriendo alrededor del parque —un año pude contar más de 60 personas.

Lo más interesante es que ya para la segunda semana del año, ese número comienza a bajar, y para la tercera semana el número de entusiastas ha bajado a lo usual, o sea a cuatro o cinco corredores, que son los que corren en ese parque el resto del año.

¿Qué pasó con todos los más de sesenta corredores que venían al parque a correr los primeros días del año?

Bueno. Esos son los que comenzaron el año con una lista de nuevas resoluciones.

Es muy curioso ver lo rápido que la gente rompe esas resoluciones de año nuevo, solo para caer en culpabilidad y desánimo.

Me gustaría mostrarle un camino más excelente.

Olvida las resoluciones de nuevo año. Olvida el ponerte altas metas.

¿Qué pasaría si diseñamos un sistema? Una costumbre. Un modo de vida donde el proceso es la meta.

En lugar de preocuparnos por alcanzar una meta, ¿por qué no nos enfocamos mejor en el gozo de con calma observar la vida alrededor nuestro mientras caminamos la senda de repetir una acción?

De eso se trata la ciencia de crear nuevos hábitos. Se trata de crear un ritmo que nos permita disfrutar la vida alrededor nuestro. Así, mientras nos enfocamos en la cosas que son importantes, aprendemos a separarnos de las distracciones que nos roban el gozo, la paz y el contentamiento.

*No digo que descarte las metas por completo. Me refiero a la atención desmedida que ponemos a las metas lo cual crea presión. Está bien saber a donde queremos llegar, pero que nuestra atención esté más en el proceso.

CREANDO NUEVOS HÁBITOS

Yo hablo en detalles en cuanto a cómo crear nuevos hábitos paso por paso en mi libro: Create 3 New Habits *(inglés)*, pero quisiera aquí compartir unas palabras sobre el proceso de crear nuevos hábitos.

Sean hábitos referente a productividad, o hábitos saludables que mejoran nuestra vida espiritual, como por ejemplo, crear una vida de oración y continua reflexión en la palabra de Dios, o hábitos que mejoren nuestra salud física; todos consisten en el proceso de repetir disciplinas que con el tiempo se convierten en parte de nuestro ritmo diario.

En el área de productividad, yo llamo a estos hábitos: sistemas.

33

ESTABLECE SISTEMAS

PROCESO ES MÁS IMPORTANTE QUE METAS

Posiblemente ya estemos saliendo de lo que fué una generación obsesionada con metas. En los últimos veinte o treinta años hubo un auge en la cantidad de libros y métodos en cuanto a cómo ponernos y conquistar metas.

Esto ha sido parte el el énfasis que la generación de los baby boomers puso en el área de producción y rendimiento.

Créame que yo vengo de ese trasfondo, y creo profundamente en trabajar arduamente y ser productivo. La dedicación al trabajo es un valor saludable y bueno.

Sin embargo, estoy seguro que podemos lograr llegar al mismo fin deseado sin la presión y el estrés que producen algunos de los métodos que se enseñan en cuanto a conquistar metas.

El otro problema es que la presión que hemos puesto en producir resultados es tal, que en muchas ocasiones hemos ligado nuestra identidad a lo que producimos. En otras palabras, corremos el peligro de poder llegar a pensar que valemos lo que producimos.

La presión que nos auto-imponemos de *"producir"* es un enemigo que roba la paz. Tu victoria está en *"quien eres"* NO en *"qué produces"*.

Nuestra identidad no debe reposar en lo que producimos o en el logro de nuestras metas. Nuestra identidad reposa en el hecho de que Cristo está en nosotros, y ya estámos completos en él. Nuestra seguridad es completamente independiente de nuestros logros.

> *y vosotros estáis completos en él, que es*
> *la cabeza de todo principado y potestad.*
> *Colosenses 2:10*

SISTEMAS

Aquello que se convierte en un mecanismo.

Permítame dar un ejemplo.

En América Latina, por años vi cómo después que concluíamos un evento evangelístico masivo, y entregábamos la lista de nuevos creyentes a los pastores, pocos de los que habían pasado al frente a recibir a Cristo quedaban realmente en las iglesias.

Con el tiempo nos dimos cuenta de que en realidad el problema no consistía en la disposición. Todos estaban dispuestos a hacer el trabajo de discipular a los nuevos creyentes y añadirlos a las iglesias, sin embargo, no sabían como. No existían precedentes, manuales, herramientas, etc... y por eso la mayor parte de las veces lo más que recibía un nuevo creyente era una llamada por teléfono y una invitación a la iglesia.

Evidentemente, esto no es suficiente. Las personas vienen a Cristo con graves problemas en sus vidas. Algunos tienen problemas familiares, otros problemas de trabajo, otros adicciones, y otros tienen el problema de que son buenos religiosos, y este último es peor que todos los problemas mencionados anteriormente.

Los miembros de las iglesias tenían buena intención, lo que se necesitaba era un sistema.

Como respuesta a esta necesidad, diseñamos el sistema de discipulado y seguimiento que hoy conocemos como transformación de ciudad.

Un método con el cual después de un festival, durante 12 semanas, los nuevos creyentes son visitados, atendidos específicamente conforme a sus necesidades individuales o de familia, y sistemáticamente enseñados sobre lo que significa estar en Cristo y ser ahora parte de la familia de Dios. Al final de las 12 semanas estos ya deben estar integrados a la vida de la iglesia, y continuarán como parte de un grupo de estudios bíblicos en casa o en algún lugar cerca de donde viven.

PRODUCTIVIDAD Y RITMO DE TRABAJO DIARIO

Tengo claramente definido el fin de cada proyecto. Sin embargo, he creado la costumbre de dividir los proyectos en capítulos o partes pequeñas.

Solamente me concentro en esa parte pequeña, una vez lograda, celebro el haber conquistado ese nivel, entonces sigo hacia el próximo.

LISTA DE 3 COSAS

Es importante tener escrito todo lo que queremos completar en un día, como parte de un proyecto grande.

Yo antes ponía todo en una lista, y era una lista larga, lo cual me creaba mucha ansiedad.

Entonces cree un sistema. Una lista diaria de solo tres cosas.

Esta lista corta me mantiene enfocado en algo que es alcanzable.

Todo lo otro lo paso a la lista del general del proyecto,

pero esa lista no tiene mi atención directa diaria. Mi atención está en la lista de tres cosas.

Cada vez que completo una de las cosas en la lista, me tomo unos minutos para celebrar. La celebración no es una fiesta *(no se asuste)*, es solo tomar unos minutos para hacer una pausa y reconocer en mi mente que he completado algo. Si es posible, salgo de la oficina y camino afuera por unos minutos, tomo agua, estiro mis pies, etc… Lo importante es hacer la pausa. Esto me da un sentido de logro, de realización y trae contentamiento.

Estos pequeños momentos de celebración, añaden gozo, me renuevan, y me permiten tomar lo que sigue en la lista descansado y sin presión.

Si termino las tres cosas en la lista de este día temprano y tengo tiempo entonces traslado algo de la lista general del proyecto, y lo hago sabiendo que no estoy obligado, pues ya tuve un día productivo.

34

HAZ UNA SOLA COSA
A LA VEZ

DI NO A LAS MULTITAREAS

La idea de multitarea *(multitasking)* se ha convertido hoy en toda una práctica en los centros de trabajo; principalmente porque la información está viajando a gran velocidad y además en tiempo real recibimos comunicación desde diferentes plataformas como: correo electrónico, messenger, teléfono, celular, videoconferencias, fax, redes sociales, etc...

El término multitasking surge de la informática y se relaciona al momento en el que la CPU ejecuta de manera independiente 2 procesos diferentes. Tomando en cuenta esto, podemos decir que multitasking corresponde a la acción de realizar más de una tarea a la vez, siendo *"eficientes"* y *"economizando tiempo"*.

Sin embargo, los seres humanos no fuimos diseñados para esto.

Paradójicamente a las ventajas profesionales que una persona puede tener por ser multitask, ésta puede acarrearle daños a su memoria y salud, sumado a la baja calidad que podría ofrecer en sus trabajos, debido a que, al estar haciendo varias actividades al mismo tiempo, ninguna de estas tareas se ejecuta con la atención debida.

Investigadores de la Universidad de California *(UCLA)* descubrieron que el comportamiento multitasking crea una lucha entre dos partes del cerebro.

Al realizar múltiples actividades, se da una batalla entre el hipocampo, que es el encargado de guardar y hacernos recordar información y el telencéfalo, que se encarga de las tareas repetitivas, dando como resultado que al ejecutar diversas tareas se tendrá mayor dificultad para recordar las cosas que se acaban de hacer.

Una persona que sobrecarga su cerebro automáticamente activa respuestas de estrés, libera adrenalina y mantiene al sistema nervioso en un estado de hipervigilancia, provocando problemas de salud y psicológicos.

Los padecimientos relacionados con el estrés y que algunas personas multitareas presentan son: insomnio, ansiedad, dolor de cabeza, gastritis, colitis, irritabilidad, mal humor, tensión muscular, entre otros.

¿Qué se puede hacer para evitar caer en este síndrome?

Desconéctate: Si estás en una reunión importante es imprescindible que te desconectes de cualquier dispositivo electrónico que pueda distraerte, procura enfocar tu atención únicamente en la junta y en el objetivo de ésta.

Yo he creado la costumbre de salir a caminar y dejar mi teléfono celular en la oficina. Sin teléfono, mi atención está en lo que está sucediendo a mi alrededor. Estoy alerta y disfruto las maravillas de la creación. Tengo la oportunidad de prestar atención a las aves, a la frescura del pasto verde a los lados del camino, etc...

Establece prioridades: haz una lista de todas las tareas que tengas que realizar y clasifica en importantes y menos importante. Comienza por las primeras. Recuerda la lista de tres cosas que mencioné anteriormente.

Haz una sola cosa a la vez: recuerda que antes de comenzar con una tarea nueva es indispensable que hayas terminado la que estabas desarrollando antes. Es mejor terminar una actividad con calidad que hacer muchas a la vez y a medias.

Concéntrate: procura estar alejado de todas las distracciones que puedes tener durante el día, si en tu empresa tienes acceso a las redes sociales, dedica espacios breves y específicos durante el día para revisarlas. Evita estar pendiente de todas las notificaciones que te llegan durante la jornada laboral.

35

EDIFICA ALGO

Conforme a la gracia de Dios que me ha sido dada, yo como perito arquitecto puse el fundamento, y otro edifica encima; pero cada uno mire cómo sobreedifica. 1 Corintios 3:10

Por lo cual, animaos unos a otros, y edificaos unos a otros, así como lo hacéis. 1 Tesalonicenses 5:11

En el liderazgo, la palabra desarrollo es sinónimo de edificar.

Desarrollamos líderes, desarrollamos sistemas, desarrollamos estrategias y modelos que nos facilitan hacer el trabajo al cual fuimos llamados.

MUROS

En algunos de nuestros círculos se hace mucho énfasis en cuanto a la construcción de templos y santuarios donde nos congregamos cada Domingo a adorar a Dios y escuchar la exposición de su palabra.

No pretendo ser crítico, en realidad necesitamos siempre un lugar donde congregarnos, sin embargo, aunque un edificio físico tiene su importancia, creo debemos prestar atención a toda la edificación a la que hemos sido llamados, sea equipar y levantar recursos humanos, o desarrollar las herramientas que nos permitan continuar edificando el gran edificio de Dios el cual está formado por sus santos —la Iglesia.

> *Porque nosotros somos colaboradores de Dios, y vosotros sois labranza de Dios, edificio de Dios. 1 Corintios 3:9*

Si miramos detenidamente a la vida de la Iglesia del Señor en los primeros siglos, notamos que la congregaciones se reunían en casas. Los creyentes tenían un gran sentido de comunidad, y operaban en las plazas y lugares públicos. Los primeros cristianos no estaban preocupados por templos.

Al principio, existía el templo judío en Jerusalén, donde los que habían creído en Cristo todavía asistían. Sin embargo ya los creyentes se reunían en casas y pronto vemos cuando son esparcidos por causa de las primeras persecuciones, la práctica de iglesias en casas se convierte en la forma.

> *Y perseverando unánimes cada día en el templo, y partiendo el pan en las casas, comían juntos con alegría y sencillez de corazón... Hechos 2:46*

Veamos la costumbre de Pablo:

> *Así que discutía en la sinagoga con los judíos y piadosos, y en la plaza cada día con los que concurrían. Hechos 17:17*

Ejemplos de congregaciones en casas:

> *Saludad también a la iglesia de su casa. Saludad a Epeneto, amado mío, que es el primer fruto de Acaya para Cristo. Romanos 16:5*

> *Saludad a Apeles, aprobado en Cristo. Saludad a los de la casa de Aristóbulo. Romanos 16:10*

> *Saludad a Herodión, mi pariente. Saludad a los de la casa de Narciso, los cuales están en el Señor. Romanos 16:11*

> *Las iglesias de Asia os saludan. Aquila y Priscila, con la iglesia que está en su casa, os saludan mucho en el Señor. 1 Corintios 16:19*

> *Saludad a los hermanos que están en Laodicea, y a Ninfas y a la iglesia que está en su casa. Colosenses 4:15*

> *y a la amada hermana Apia, y a Arquipo*
> *nuestro compañero de milicia, y a la*
> *iglesia que está en tu casa. Filemón 1:2*

La idea de edificar templos es introducida años más tarde cuando el cristianismo es institucionalizado y se convierte en religión del estado. En esta etapa vemos como ideas templarias derivadas del judaísmo penetran el cristianismo. Usted puede ver cuando entramos a la edad media la importancia que los ladrillos y el cemento han tomado en la vida de lo que es una religión organizada donde la apariencia, la opulencia, la manipulación y el control reinan.

Entonces, sí, necesitamos un lugar para congregarnos, sin embargo en esta hora vamos a dedicar aquí un espacio para hablar de la edificación del otro edificio —la Iglesia de Dios— que somos nosotros.

EL QUE EDIFICA

¿Cómo ser un Nehemías?

El libro de Nehemías se divide en dos partes. Los primeros seis capítulos tratan acerca de la reconstrucción de la muralla, mientras que el resto de los capítulos, hasta el 13 tienen que ver con la reconstrucción del pueblo. Con estas dos tenemos el libro completo.

En las ciudades antiguas el único medio verdadero de defensa eran las murallas. Babilonia, como se cuenta en la historia de Daniel, eran de unos 380 pies de grueso y más de 100 pies de alto, unas murallas realmente masivas. Por lo tanto, la ciudad de Babilonia se consideraba a salvo.

En el caso de Nehemías, su labor fue reconstruir.

La labor del liderazgo es no solo edificar a otros, también reparar. La mayor parte de aquellos que equipamos para servir a otros, vienen a nosotros con gran potencial, pero por lo regular son un producto en bruto. De la misma manera que estábamos nosotros cuando vinimos a Cristo.

En el proceso de prepararnos Dios usó a alguién para reparar nuestra identidad, nuestras emociones, y nuestro sistema con que procesamos lo que creemos de nosotros mismos.

Veámos las características que hacen a un Nehemías un líder valioso en las manos de su Señor.

1- Un Nehemías sabe ir delante de Dios antes de hacer nada. Su dirección viene de Dios.

Cuando oí estas palabras me senté y lloré, e hice duelo por algunos días, y ayuné y oré delante del Dios de los cielos. Neh 1:4

2- Un Nehemías sabe ir delante de los grandes y busca socios poderosos.

Te ruego, oh Jehová, esté ahora atento

*tu oído a la oración de tu siervo, y a la
oración de tus siervos, quienes desean
reverenciar tu nombre; concede ahora
buen éxito a tu siervo, y dale gracia
delante de aquel varón. Porque yo servía
de copero al rey. Neh 1:11*

3- Un Nehemías respeta y honra a quien lo envía.

*Me dijo el rey: ¿Qué cosa pides? Entonces
oré al Dios de los cielos, y dije al rey:
Si le place al rey, y tu siervo ha hallado
gracia delante de ti, envíame a Judá, a la
ciudad de los sepulcros de mis padres, y
la reedificaré. Neh 2:4,5*

4- Un Nehemías sabe usar el arte de la diplomacia.

*Vine luego a los gobernadores del otro
lado del río, y les di las cartas del rey.
Y el rey envió conmigo capitanes del
ejército y gente de a caballo. Neh 2:9*

5- Un Nehemías evalúa los daños antes de diseñar soluciones.

*Y salí de noche por la puerta del Valle
hacia la fuente del Dragón y a la puerta
del Muladar; y observé los muros de
Jerusalén que estaban derribados, y sus
puertas que estaban consumidas por el
fuego. Neh 2:13*

6- Un Nehemías motiva a otros y forma equipo.

Les dije, pues: Vosotros veis el mal en que estamos, que Jerusalén está desierta, y sus puertas consumidas por el fuego; venid, y edifiquemos el muro de Jerusalén, y no estemos más en oprobio.

Entonces les declaré cómo la mano de mi Dios había sido buena sobre mí, y asimismo las palabras que el rey me había dicho. Y dijeron: Levantémonos y edifiquemos. Así esforzaron sus manos para bien. Neh 2:17,18

7- Un Nehemías enfrenta la oposición y todo líder influyente tiene oposición.

Pero cuando lo oyeron Sanbalat horonita, Tobías el siervo amonita, y Gesem el árabe, hicieron escarnio de nosotros, y nos despreciaron, diciendo: ¿Qué es esto que hacéis vosotros? ¿Os rebeláis contra el rey?

Y en respuesta les dije: El Dios de los cielos, él nos prosperará, y nosotros sus siervos nos levantaremos y edificaremos, porque vosotros no tenéis parte ni derecho ni memoria en Jerusalén. Neh 2:19,20

En el capítulo tres del libro de Nehemías está grabado el comienzo del trabajo de reedificar los muros.

Note en este capítulo cuántas veces aparecen las

palabras restauró y restauraron.

Como toda labor valiosa, siempre continuará la oposición. Veamos a continuación los tres tipos de oposición que enfrentó Nehemías y como respondió a cada una de ellas, lo que nos enseñará el próximo principio.

36

USA LA OPOSICIÓN

La oposición nos ofrece grandes oportunidades *(que pueden venir de muchas maneras)* que debemos aprovechar.

Usted dirá: *"Sería mejor que no tengamos oposición y que todo el mundo esté feliz por lo que hacemos"*.

"Ja Ja" eso sería magnifico, pero no es real.

En este mundo en que vivimos, cada vez que tratemos de edificar algo, tendremos oposición.

Existen fuerzas y sentimientos como la envidia, la ira, la competencia, los celos, etc... que siempre motivarán a personas a oponerse cuando emprendemos algo. Es una realidad.

Entonces, conociendo esta realidad, ya que siempre tendremos oposición, aprendamos a usar esa oposición a nuestros favor.

La oposición nos hace crecer en paciencia, ayuda a crecer el carácter y levantar la moral del equipo, nos impulsa a la unidad, a buscar la ayuda de Dios, y a muchas otras cosas más que en general nos benefician.

Años atrás, cuando era joven, recuerdo que me afectaba mucho la crítica. En muchas ocasiones llegué a derramar lágrimas delante del Señor. Le preguntaba a Dios, por qué la injusticia de que alguien que no me conocía, disfamara e inventara cosas de mi.

Llegué a pedirle a Dios que me quitara a estos enemigos. Pero un día, el Señor habló a mi corazón por medio del Salmo 23.

Este es el texto:

> *Aderezas mesa delante de mí en presencia de mis angustiadores...*
> *Salmos 23:5*

La versión King James dice: *"en presencia de mis enemigos"*.

Ahí entendí que Dios no está interesado en quitar a mis enemigos, pero más bien me permite sentarme a la mesa en presencia de ellos.

Dios va a mostrar su favor con tu vida en presencia de la oposición. Entonces, si la oposición siempre va a estar ahí, aprendamos a crecer en medio de esta.

Veamos ejemplos de varias oposiciones que enfrentó Nehemías y cómo respondió a cada una de éstas.

1- OPOSICIÓN POR MEDIO DE LA BURLA

Cuando oyó Sanbalat que nosotros edificábamos el muro, se enojó y se enfureció en gran manera, e hizo escarnio de los judíos.

Y habló delante de sus hermanos y del ejército de Samaria, y dijo: ¿Qué hacen estos débiles judíos? ¿Se les permitirá volver a ofrecer sus sacrificios? ¿Acabarán en un día? ¿Resucitarán de los montones del polvo las piedras que fueron quemadas?

Y estaba junto a él Tobías amonita, el cual dijo: Lo que ellos edifican del muro de piedra, si subiere una zorra lo derribará. Neh 4:1-3

Respuesta de Nehemías

Oye, oh Dios nuestro, que somos objeto de su menosprecio, y vuelve el baldón de ellos sobre su cabeza, y entrégalos por despojo en la tierra de su cautiverio.

No cubras su iniquidad, ni su pecado sea borrado delante de ti, porque se airaron contra los que edificaban.

Edificamos, pues, el muro, y toda la muralla fue terminada hasta la mitad de su altura, porque el pueblo tuvo ánimo para trabajar. Neh 4:4-6

Primero Nehemías se dirigió a Dios y buscó refugio en él. A la vez, continuaron con el trabajo. Nunca permitas que la oposición te pare lo que estás haciendo. El secreto está en apoyarnos en Dios y no parar.

2- OPOSICIÓN POR MEDIO DE LA IRA

> *Pero aconteció que oyendo Sanbalat y Tobías, y los árabes, los amonitas y los de Asdod, que los muros de Jerusalén eran reparados, porque ya los portillos comenzaban a ser cerrados, se encolerizaron mucho; y conspiraron todos a una para venir a atacar a Jerusalén y hacerle daño. Neh 4:7,8*

Respuesta de Nehemías

> *Entonces oramos a nuestro Dios, y por causa de ellos pusimos guarda contra ellos de día y de noche. Neh 4:9*

La respuesta fue primero, de nuevo la oración y además se pusieron en alerta. Un buen líder siempre está en alerta. Vigilante a las estratagemas de enemigos, o crisis que puedan surgir en cualquier momento.

Esto no sugiere que estemos nerviosos o perdamos nuestra paz. Buenos líderes caminan en la confianza de que quien les envió a la labor, les respaldará en todo momento.

3- OPOSICIÓN POR MEDIO DEL DESÁNIMO

Y dijo Judá: Las fuerzas de los acarreadores se han debilitado, y el escombro es mucho, y no podemos edificar el muro.

Y nuestros enemigos dijeron: No sepan, ni vean, hasta que entremos en medio de ellos y los matemos, y hagamos cesar la obra.

Pero sucedió que cuando venían los judíos que habitaban entre ellos, nos decían hasta diez veces: De todos los lugares de donde volviereis, ellos caerán sobre vosotros. Neh 4:10-12

Respuesta de Nehemías

Entonces por las partes bajas del lugar, detrás del muro, y en los sitios abiertos, puse al pueblo por familias, con sus espadas, con sus lanzas y con sus arcos.

Después miré, y me levanté y dije a los nobles y a los oficiales, y al resto del pueblo: No temáis delante de ellos; acordaos del Señor, grande y temible, y pelead por vuestros hermanos, por vuestros hijos y por vuestras hijas, por vuestras mujeres y por vuestras casas.

Y cuando oyeron nuestros enemigos que lo habíamos entendido, y que Dios

219

> *había desbaratado el consejo de ellos, nos volvimos todos al muro, cada uno a su tarea.*
>
> *Desde aquel día la mitad de mis siervos trabajaba en la obra, y la otra mitad tenía lanzas, escudos, arcos y corazas; y detrás de ellos estaban los jefes de toda la casa de Judá.*
>
> *Los que edificaban en el muro, los que acarreaban, y los que cargaban, con una mano trabajaban en la obra, y en la otra tenían la espada. Neh 4:13-17*

El desánimo entra cuando oímos a las voces incorrectas. Ya se la voz del miedo que nos producimos cuando comenzamos a ver los posibles escenarios de como algo puede salir mal, o la voz de personas que aunque estén entre nosotros, no están casados con la visión corporativa y se convierten en agentes de negatividad y falta de fe.

Entonces, cuidado a quien oyes.

Nehemías hizo algo bien creativo.

Primero, motivó al equipo de trabajo, les habló de lo grande y poderoso de nuestro Dios.

Segundo, todos regresaron a su tarea. Las personas cuando están ocupadas trabajando tienen menos tiempo para pensar en posibilidades de fracaso.

Lo tercero que hizo Nehemías, fue armar bien al pueblo. O sea, que eran obreros y a la vez guerreros.

El usó la oposición para motivar y edificar al equipo.

Como líderes, estamos llamados a poner armas espirituales en las manos de aquellos que trabajan con nosotros en todo desarrollo.

VICTORIA Y OBRA COMPLETADA

Fue terminado, pues, el muro, el veinticinco del mes de Elul, en cincuenta y dos días.

Y cuando lo oyeron todos nuestros enemigos, temieron todas las naciones que estaban alrededor de nosotros, y se sintieron humillados, y conocieron que por nuestro Dios había sido hecha esta obra. Neh 6:15,16

Es maravilloso ver que una obra de tal magnitud se haya podido completar en cincuenta y dos días. Verdaderamente vemos el favor de Dios sobre Nehemías y su equipo.

Amado líder, amado mentor de líderes, si persistes, confías en Dios y no abandonas la obra, a su tiempo veras los frutos.

EL CARÁCTER

Es el carácter lo que mantiene a un líder firme durante el proceso de desarrollo de cualquier obra de principio a fin. No necesariamente el dón.

Un don no es señal de madurez.

Samson estaba dotado con gran poder. Él podía pelear y solo deshacer un ejército de filisteos *(Jueces 15:15)*, pero no tuvo el carácter para resistir las demandas de una mujer con artimañas. No pudo decir: No.

> *Y aconteció que, presionándole ella cada día con sus palabras e importunándole, su alma fue reducida a mortal angustia.*
>
> *Le descubrió, pues, todo su corazón, y le dijo: Nunca a mi cabeza llegó navaja; porque soy nazareo de Dios desde el vientre de mi madre. Si fuere rapado, mi fuerza se apartará de mí, y me debilitaré y seré como todos los hombres.* Jueces 16:16,17

Dalila presionó a Samson por días, hasta que pudo doblarle. El no poder resistir la presión fue su caída.

Lidiar con presión es una constante en el liderazgo. Por eso necesitamos edificar carácter para poder trabajar bajo presión.

En el caso de Samson, vemos como el mal tomó ventaja.

Viendo Dalila que él le había descubierto todo su corazón, envió a llamar a los principales de los filisteos, diciendo: Venid esta vez, porque él me ha descubierto todo su corazón. Y los principales de los filisteos vinieron a ella, trayendo en su mano el dinero.

Y ella hizo que él se durmiese sobre sus rodillas, y llamó a un hombre, quien le rapó las siete guedejas de su cabeza; y ella comenzó a afligirlo, pues su fuerza se apartó de él. Jueces 16:18-19

Oí a alguien decir una vez que el carácter se mide por cuantas veces puedes decir que *"no"*, y por cuánto tiempo puedes sostener ese *"no"*.

El carácter es más importante que el don, y ese carácter crece cuando somo probados. Usemos cada ataque que viene en contra nuestra para crecer en carácter, paciencia, y en toda buena obra. Usa la oposición a tu favor.

LEGADO EMPRESARIAL

37

SE INVISIBLE LA MAYOR PARTE DEL TIEMPO

Usted reconoce a un buen líder cuando no está presente.

Un buen líder, prepara a su equipo de tal manera, que ellos pueden funcionar perfectamente cuando él no está presente.

Lo que pasa en tu ausencia dice que tipo de líder eres. Por eso uno de los trabajos más importantes de un líder es convertirse en un mentor que pone a otros delante y él está dispuesto a desaparecer en el anonimato mientras impulsa a otros.

Jesús le dijo a sus discípulos que ellos estarían mejor en su ausencia.

Pero yo os digo la verdad: Os conviene
que yo me vaya; porque si no me fuera,

> *el Consolador no vendría a vosotros;*
> *mas si me fuere, os lo enviaré. Juan 16:7*

Note que les dijo: *"Os conviene que yo me vaya"*.

Hace unos años, trabajamos duramente para preparar tres festivales en un proyecto que simultáneamente alcanzaría tres ciudades en Haití. Yo realicé los viajes necesarios, preparé al equipo, entrené a los nacionales, trabajé en la relaciones entre iglesias y gobierno, y después de un buen tiempo de preparación, estábamos emocionados, pues ya se acercaban los días de los tres festivales.

Yo había en ese tiempo estado viajando extensamente, y como resultado había contraído una bacteria que me había afectado grandemente mi sistema digestivo —algo de lo cual me tomó meses recuperarme.

En la semana cuando ya el equipo se preparaba para viajar, se decidió que yo no estaba en condiciones de ir por lo que se le delegó a todo el equipo el trabajo.

Es increíble cómo el Señor arregló todo. Miembros del equipo tuvieron que tomar decisiones durante el proyecto que nunca antes habían tenido que ejecutar. Fueron retados, tuvieron contratiempos, pero juntos triunfaron, completaron las misiones humanitarias, predicaron las buenas noticias en cada plataforma compartiendo la responsabilidad, y Dios los usó grandemente. Lo más lindo de todo esto es que yo no estaba ahí. En mi ausencia crecieron, y sinceramente creo que lo hicieron mejor que si yo hubiese estado ahí.

Un amigo, quien es un gran líder, una vez me dijo que su trabajo era *"trabajar tan duro de manera que se quedara sin trabajo"*.

Parece ilógico, ¿cierto?

Pero no lo es.

Un buen líder prepara a otros de manera que ellos puedan hacer todo aún cuando él no está.

A esto es lo que yo llamo: *"liderazgo invisible"*.

Jesús le dijo a sus discípulos: *"Os conviene que yo me vaya"*, y cuando él se fue, mire lo que sucedió.

Estos pescadores, un publicano y otros, que componían un grupo de gente "del vulgo y sin letras" revolucionaron el mundo con la predicación de las buenas noticias de Jesús.

¡Qué ejemplo nos da Jesús!

Entrena a otros, equipalos, amalos, y lanzalos. Deja que ellos brillen, que crezcan, mientras tu menguas.

Se invisible la mayor parte del tiempo. Permite que otros reciban el crédito y los halagos.

Esto te convierte en un gran líder.

38

PROMUEVE A OTROS

UN BUEN LÍDER PROMUEVE A OTROS

...estimando cada uno a los demás como superiores a él mismo. Filipenses 2:3

Hay líderes que tienen una visión, entonces usan a otros con escalones para promover su visión. Su mira no está en servir a otros, sino en usar a otros para ellos conseguir sus metas.

Un mal líder usa a otras personas para su beneficio personal. En los años que estuve pastoreando, recuerdo que tenía en la iglesia mecánicos, constructores, contadores públicos, y varios otros tipos de oficio.

Recuerdo cuando comencé el pastorado que mi esposa y yo nos propusimos que jamás íbamos a pedir un favor a alguno de ellos, solo por el hecho de que éramos sus pastores. Cada vez que necesité un mecánico, fuimos y pagamos en un taller.

Se que hay pastores que reciben todo tipo de servicios gratis de parte de los miembros de sus congregaciones, pero eso es tomar ventaja. No solo porque la Biblia dice que el obrero es digno de su salario, sino también porque Dios nos ha puesto para aumentar a las vidas de otros, no para quitarles.

Nuestro trabajo es promover a otros.

Como líderes, somos responsables por crear las plataformas y entregar las herramientas a quienes Dios nos ha encargado, de manera que podamos lanzarlos.

Un buen líder no mantiene gente con potencial de liderazgo sentada en la iglesia, más bien los equipa y los envía.

En el área empresarial también esta verdad es paralela.

Cuando tratas de retener a alguien mucho más allá del tiempo de equipamiento estancado en una posición, pudieras estar cortando su potencial.

Como líderes siempre debemos estar velando y buscando la oportunidad de promover a todo aquél que está listo para el próximo nivel.

Un buen líder:

- No toma crédito por el trabajo que otros hacen.

- Celebra la habilidades de otros.

- No busca el halago o estar en la luz.

- No busca ser el centro de la atención en cada conversación.

- Permite que otros tengan la razón la mayor parte del tiempo.

- Pone a otros por delante y los impulsa.

Pongamos a otros antes que nosotros. Impulsemos a otros.

Pablo se veía como el último.

> *y al último de todos, como a un abortivo, me apareció a mí. 1 Corintios 15:8*

> *Porque yo soy el más pequeño de los apóstoles, que no soy digno de ser llamado apóstol, porque perseguí a la iglesia de Dios. 1 Corintios 15:9*

> *A mí, que soy menos que el más pequeño de todos los santos, me fue dada esta gracia de anunciar entre los gentiles el evangelio de las inescrutables riquezas de Cristo... Efesios 3:8*

Nosotros debemos seguir ese ejemplo.

Poner a otros líderes antes que nosotros es un proceder noble. Seamos últimos.

39

NO SE TRATA DE TI

NO SE TRATA DE NOSOTROS

1- El Evangelio no se trata de nosotros —Cristo es el centro del Evangelio

• Por eso nuestra predicación es contracultura, pues no está enfocada en prometer bienes temporales o cosas terrenales, sino que se basa en la promesa de cosas celestiales para Gloria y Honra de Jesucristo.

• Nuestra predicación no responde a satisfacer las demandas de la sociedad de consumo en que vivimos.

Por eso usted no oirá mensajes prometiendo resultados fáciles e instantaneos en los negocios, en todas tus relaciones o en tu estima.

O promesas de que poseerás todo lo que confieses con tu boca o que tendrás muchas riquezas si trabajar o aplicarte.

2- Dios nos cuida por amor a sí mismo

Aunque Dios es un Dios bueno, y nos cuida y nos da buenas cosas para que las disfrutemos, creemos que estos beneficios son bi-productos. No para ser seguidos, pues nuestra acción no está en seguir cosas, sino en seguir al Creador de todas las cosas.

MOTIVACIÓN DE DIOS

Entonces ¿cuál es la motivación de Dios al bendecirnos con cosas temporales?

Veamos ciertos beneficios:

> *Jehová es mi pastor; nada me faltará. En lugares de delicados pastos me hará descansar; Junto a aguas de reposo me pastoreará. Confortará mi alma; Salmo 23:1,2 y 3a*

Esta es la motivación:

> *Me guiará por sendas de justicia **por amor de su nombre**. Salmo 23:3b*

Beneficios:

> *Ahora, así dice Jehová, Creador tuyo, oh Jacob, y Formador tuyo, oh Israel: No temas, porque yo te redimí; te puse nombre, mío eres tú.*
>
> *Cuando pases por las aguas, yo estaré contigo; y si por los ríos, no te anegarán. Cuando pases por el fuego, no te quemarás, ni la llama arderá en ti.*
>
> *Porque yo Jehová, Dios tuyo, el Santo de Israel, soy tu Salvador; a Egipto he dado por tu rescate, a Etiopía y a Seba por ti.*
>
> *Porque a mis ojos fuiste de gran estima, fuiste honorable, y yo te amé; daré, pues, hombres por ti, y naciones por tu vida.*
>
> *No temas, porque yo estoy contigo; del oriente traeré tu generación, y del occidente te recogeré.*
>
> *Diré al norte: Da acá; y al sur: No detengas; trae de lejos mis hijos, y mis hijas de los confines de la tierra... Isaías 43:1-6*

Motivación:

> *todos los llamados de mi nombre;* ***para gloria mía*** *los he creado, los formé y los hice. Isaías 43:7*

Beneficios:

> *Oídme, costas, y escuchad, pueblos lejanos. Jehová me llamó desde el vientre, desde las entrañas de mi madre tuvo mi nombre en memoria.*

> *Y puso mi boca como espada aguda, me cubrió con la sombra de su mano; y me puso por saeta bruñida, me guardó en su aljaba... Isaías 49:1,2*

Motivación:

> *y me dijo: Mi siervo eres, oh Israel, porque en ti **me gloriaré**. Isaías 49:3*

Beneficios:

> *Nuestros padres en Egipto no entendieron tus maravillas; No se acordaron de la muchedumbre de tus misericordias, Sino que se rebelaron junto al mar, el Mar Rojo. Salmo 106:7*

Motivación:

> *Pero él los salvó **por amor de su nombre**, **Para hacer notorio su poder**. Salmo 106:8*

Beneficios:

> *Porque la Escritura dice a Faraón: Para esto mismo te he levantado... Romanos 9:17a*

Motivación:

> *para **mostrar en ti mi poder**, y para que **mi nombre sea anunciado** por toda la tierra. Romanos 9:17b*

3- Dios te mantiene salvo por causa de ÉL mismo, no por causa de tu comportamiento

> *Pues Jehová no desamparará a su pueblo, por su grande nombre 1 Samuel 12:22*

4- Jesús no habló por su propia cuenta —lo hizo para glorificar al Padre

> *El que habla por su propia cuenta, su propia gloria busca; pero el que busca **la gloria del que le envió**, éste es verdadero, y no hay en él injusticia. Juan 7:18*

5- Buenas obras no son para salvarnos (no se trata de nosotros); son para glorificar a Dios

> *Así alumbre vuestra luz delante de los hombres, para que vean vuestras buenas obras, y **glorifiquen a vuestro Padre** que está en los cielos Mateo 5:16*

*manteniendo buena vuestra manera de vivir entre los gentiles; para que en lo que murmuran de vosotros como de malhechores, **glorifiquen a Dios** en el día de la visitación, al considerar vuestras buenas obras. 1 Pedro 2:12*

6- Nuestras oraciones NO son respondidas para nuestro beneficio (primero), sino para que Dios sea glorificado

*Y todo lo que pidiereis al Padre en mi nombre, lo haré, **para que el Padre sea glorificado** en el Hijo. Juan 14:13*

7- El supremo sacrificio de Cristo en la cruz fue para glorificar al Padre

*Ahora está turbada mi alma; ¿y qué diré? ¿Padre, sálvame de esta hora? Mas para esto he llegado a esta hora. Padre, glorifica tu nombre. Entonces vino una voz del cielo: **Lo he glorificado, y lo glorificaré otra vez**. Juan 12:27,28*

*Yo **te he glorificado** en la tierra; he acabado la obra que me diste que hiciese. Juan 17:4*

8- El Ministerio del Espíritu Santo es para glorificarlo a ÉL

*El **me glorificará**; porque tomará de lo mío, y os lo hará saber. Juan 16:14*

9- Todo lo que hagamos es para ÉL no para nosotros

*Si, pues, coméis o bebéis, o hacéis otra cosa, hacedlo todo **para la gloria de Dios**. 1 Corintios 10:31*

10- Todo lo que Dios ha hecho por ti, incluyendo tu salvación, es para SU gloria

*Bendito sea el Dios y Padre de nuestro Señor Jesucristo, que nos bendijo con toda bendición espiritual en los lugares celestiales en Cristo, según nos escogió en él antes de la fundación del mundo, para que fuésemos santos y sin mancha delante de él, en amor habiéndonos predestinado para ser adoptados hijos suyos por medio de Jesucristo, según el puro afecto de su voluntad, **para alabanza de la gloria de su gracia**, con la cual nos hizo aceptos en el Amado, en quien tenemos redención por su sangre, el perdón de pecados*

> *según las riquezas de su gracia, que hizo sobreabundar para con nosotros en toda sabiduría e inteligencia, dándonos a conocer el misterio de su voluntad, según su beneplácito, el cual se había propuesto en sí mismo, de reunir todas las cosas en Cristo, en la dispensación del cumplimiento de los tiempos, así las que están en los cielos, como las que están en la tierra. En él asimismo tuvimos herencia, habiendo sido predestinados conforme al propósito del que hace todas las cosas según el designio de su voluntad, a fin de que seamos para* **alabanza de su gloria**, *nosotros los que primeramente esperábamos en Cristo. Ef 1:3-12*

Ef 1:3 es la mayor bendición que tu puedas recibir y es espiritual, no material, pero no se trata de ti.

Su motivación al bendecirte, NO es porque TU eres grande; es porque ÉL es grande (para alabanza de su gloria Ef 1:12).

La Biblia NO es el manual de Dios para TU vida. El enfoque de La Biblia no eres TU, es Cristo.

Cuando entendemos que no somos el centro del Evangelio, entonces somos libres para:

- Estar conformes y agradecidos con lo que tenemos.

- Ser usados en servir a otros en lugar de servirnos a nosotros mismos.

- Cumplir con la Comisión Misionera que el Señor nos ha entregado como mandato.

Pensamientos:

El deseo de ser servidos es un acto de arrogancia. Dios nos ha llamado a servir.

Cuando viene la soberbia, viene también la deshonra; Mas con los humildes está la sabiduría. Pr 11:2

Usted puede gastar su tiempo tratando de tener una mejor vida ahora, o asegurándose que otros tengan una mejor vida por la eternidad.

40

PREPARA UN SUCESOR

Preparando un sucesor o sucesores. Pasando el manto mientras todavía estoy aquí.

EL LÍDER MENTOR

El Modelo Paulino (padre - hijo espiritual)

La relación de equipo Paulina es una relación de familia padre/hijos espirituales.

Paternidad Espiritual

1- Un mentor no se escoge, se descubre

No escribo esto para avergonzaros, sino para amonestaros como a hijos míos amados. Porque aunque tengáis diez mil ayos en Cristo, no tendréis muchos padres; pues en Cristo Jesús

> *yo os engendré por medio del evangelio.*
> *1 Cor 4:14,15*

Líderes no deciden ponerse bajo tu mentoría. Esto es algo que se descubre.

La relación de mentoría se descubre a través de relación. Un líder joven descubrirá si tu tienes o no tienes las características de un padre espiritual.

2- Un buen mentor lleva a otros de la inmadurez a la madurez espiritual y orden

(El Padre espiritual es el que invierte en edificar carácter, disciplina y fuerza espiritual en otros).

• El mentor está más interesado en edificar en otros el carácter más que sus dones.

• El mentor penetra a los asuntos internos del corazón.

• El mentor es el que rescata a otros del abandono (espiritual). Y adopta.

• El mentor ve y entiende el futuro de otros y entrena conforme a ese conocimiento.

• El mentor a) Confronta, b) Reprende, c) Corrige.

• El mentor establece "Control Propio" en la vida de otros (carácter).

3- Prepara a otros para el futuro

Un verdadero mentor (o padre espiritual), corta de la vida de aquellos que mentorea las cosas que les pueden dañar en el futuro.

PABLO CIRCUNCIDA A TIMOTEO

Después llegó a Derbe y a Listra; y he aquí, había allí cierto discípulo llamado Timoteo, hijo de una mujer judía creyente, pero de padre griego; y daban buen testimonio de él los hermanos que estaban en Listra y en Iconio. Quiso Pablo que éste fuese con él; y tomándole, le circuncidó por causa de los judíos que había en aquellos lugares; porque todos sabían que su padre era griego. Hch 16:1-3

¿Por qué habría Pablo de circuncidar a Timoteo? El mismo Pablo más adelante nos llega a decir en Gálatas 5:2 *"que si os circuncidáis, de nada os aprovechará Cristo"*.

Vemos que esta acción de Pablo fue para *"preparar"* a Timoteo para el futuro.

El no estar circuncidado hubiera sido un tropiezo para poder ministrar entre los judíos.

Note como dice el texto: "le circuncidó por causa de

los judíos". Y más por haber tenido un padre griego, en otras palabras *"no era 100% judío"*, pero esto se resolvió con la circuncisión. Algo que se dejó de practicar y no es necesario bajo el nuevo pacto de la gracia, pero que en ese momento fue una acción conveniente para preparar a su hijo espiritual para el futuro.

La circuncisión, a un adulto es una incisión dolorosa. Podemos ver lo que pasó cuando Siquem, hijo de Hamor heveo deshonró a Dina, hija de Jacob y luego quiso contraer matrimonio con ella, pero los hijos de Jacob pusieron condición que de estos fuese circuncidado todo varón

La Biblia relata que *"al tercer día, cuando sentían ellos el mayor dolor, dos de los hijos de Jacob, Simeón y Leví, hermanos de Dina, tomaron cada uno su espada, y vinieron contra la ciudad, que estaba desprevenida, y mataron a todo varón" (Gen 34:25).*

Timoteo, definitivamente sufrió dolor al ser circuncidado siendo adulto.

A veces un mentor hará cortes en la vida de un hijo espiritual, ajustes, disciplinas, cambios, que pueden ser dolorosos, pero este dolor será temporal pues estamos siendo preparados para el futuro.

- Un buen mentor te preparará a otros para el futuro.

- Un mal líder, corta tu potencial en el futuro.

Vemos el caso de Saúl y David.

Saúl en lugar de estar agradecido que tendría un buen sucesor, y aprovechar esa bendición para invertir en la vida de David, hizo lo contrario.

Se encendió en celos y aun trató de matarlo una y otra vez como leemos en 1ra de Samuel. Se convirtió en un perseguidor en lugar de un mentor.

MULTIPLICARTE ES TU MAYOR NECESIDAD

Líder que se multiplica

Si después de una sesión de entrenamiento, reunión y eventos, tu y yo no quedamos enlazados en algún nivel, he fallado en mi misión como Embajador.

Establece relaciones duraderas, de respeto y con sanos linderos.

¿Cómo nos multiplicamos?

1. Observa el don de alguien.

2. Invita a ese alguien a una labor donde su don sea funcional.

3. Asegúrate de que ese alguien reciba el beneficio de su don.

Usted se preguntará... ¿Y yo, que beneficio recibo? Esto nunca se trató de ti.

MÁS PODEROSO CUANDO NO ESTOY

Ya escribí sobre esto en el capítulo 37, mas quisiera cerrar con estas notas y recalcar la importancia de dejar un legado.

Si cuando un líder muere, todo lo que levantó muere con él, su influencia es borrada de la memoria de los vivientes.

Lo que pasa en tu ausencia es tu legado. Por eso uno de los trabajos más importantes de un líder es convertirse en un mentor.

Jesús le dijo a sus discípulos que ellos estarían mejor en su ausencia.

> *Pero yo os digo la verdad: Os conviene*
> *que yo me vaya; porque si no me fuera,*
> *el Consolador no vendría a vosotros;*
> *mas si me fuere, os lo enviaré. Juan 16:7*

Es mi oración que estos 40 principios de liderazgo ayuden a crecer tu estatura espiritual y empresarial. Leelos otra vez, practicalos y compartelos con alguien, recuerda que no se trata de tí... siempre se trata de promover, impulsar y empoderar a otros.

La paz del Señor sea contigo. Que prosperes en todos tus caminos.

Notas:

1- Merriam-Webster Dictionary © 2015 Merriam-Webster, Incorporated.

2- Collaboration and reciprocity. Dr Dee Gray Training Journal. Published February 1, 2013.

3- Cada uno dé como propuso en su corazón: no con tristeza, ni por necesidad, porque Dios ama al dador alegre. 2 Corintios 9:7.

4- Mateo 25:29 Porque al que tiene, le será dado, y tendrá más; y al que no tiene, aun lo que tiene le será quitado.

5- 2 Crónicas 16:9 Porque los ojos de Jehová contemplan toda la tierra, para mostrar su poder a favor de los que tienen corazón perfecto para con él. Locamente has hecho en esto; porque de aquí en adelante habrá más guerra contra ti.

6- Marcos 4:12 para que viendo, vean y no perciban; y oyendo, oigan y no entiendan; para que no se conviertan, y les sean perdonados los pecados.

7- Proverbios 22:1 De más estima es el buen nombre que las muchas riquezas, Y la buena fama más que la plata y el oro.

8- Éxodo 23:15 La fiesta de los panes sin levadura guardarás. Siete días comerás los panes sin levadura, como yo te mandé, en el tiempo del mes de Abib, porque en él saliste de Egipto; y ninguno se presentará delante de mí con las manos vacías.

9- Proverbios 18:16 La dádiva del hombre le ensancha el camino Y le lleva delante de los grandes.

10- Mateo 15:17 ¿No entendéis que todo lo que entra en la boca va al vientre, y es echado en la letrina?

11- Proverbios 24:34 Así vendrá como caminante tu necesidad, Y tu pobreza como hombre armado.

12- Juan 12:24 De cierto, de cierto os digo, que si el grano de trigo no cae en la tierra y muere, queda solo; pero si muere, lleva mucho fruto.

13- Romanos 13:8 No debáis a nadie nada, sino el amaros unos a otros; porque el que ama al prójimo, ha cumplido la ley.

14- El rico se enseñorea de los pobres, Y el que toma prestado es siervo del que presta. Proverbios 22:7

15- El texto completo es: "No tienen en poco al ladrón si hurta para saciar su apetito cuando tiene hambre; Pero si es sorprendido, pagará siete veces; Entregará todo el haber de su casa. Proverbios 6:30,31"

16- "Tratado de Psiquiatría", Henry Ey, P. Bernard y Ch. Brisset.

Trasfondo

Dr. JA Pérez

Escritor, humanitario y precursor de movimientos de cosecha en América Latina.

Ha escrito libros en varios géneros, como teología, escatología, liderazgo, y sobre temas para la familia y los retos de la vida cotidiana.

Además, sostiene conferencias para líderes donde asiste a intelectuales, así como a iletrados, en la adquisición de destrezas esenciales y soluciones pragmáticas para comunicar esperanza con valentía en entornos complejos, y a veces hostiles.

Sus concentraciones masivas y misiones humanitarias han atraído grandes multitudes durante años en América Latina.

Él, su esposa y sus tres hijos, viven en un suburbio de San Diego en California, desde donde se coordinan todos los proyectos de la asociación que lleva su nombre.

Otros Libros por JA Pérez

Dr. JA Pérez ha escrito
varios libros y manuales de
entrenamiento. Todos sus
libros están disponibles en
Amazon.com así como
en librerías y tiendas
mundialmente. Libros
con temas para la familia,
empresa, liderazgo,
economía, profecía bíblica,
devocionales, inspiracionales,
evangelismo y teología.

Varios Temas

Crecimiento Espiritual, Teología, Principios de Vida y Relaciones — Recientes

EL INDIGENTE

JA PÉREZ

JESÚS
pregunta

JA PÉREZ

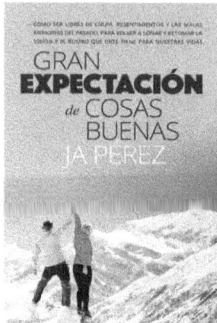

GRAN EXPECTACIÓN de COSAS BUENAS
JA PÉREZ

LA MUERTE
y cómo librarte de ella

JA PÉREZ

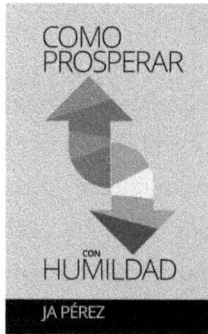

COMO PROSPERAR
CON HUMILDAD

JA PÉREZ

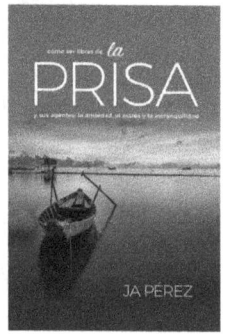

cómo ser libres de la PRISA

JA PÉREZ

FELIZ

JA PÉREZ
LIBRO INTERACTIVO

GRACIA SOBERANA
SU SACRIFICIO fue SUFICIENTE
JA PÉREZ

AHORA que estoy en CRISTO
JA PÉREZ

COMO COMPARTIR LAS BUENAS NOTICIAS
JA PÉREZ

POETAS, PROFETAS, Y OTROS CON IMAGINACIÓN

las 12 MARCAS del DISCÍPULO
JA PÉREZ

100
JA PÉREZ

100 DÍAS de MILAGROS
JA PÉREZ

DIOS con nosotros
ja pérez

MAESTRO de MARIONETAS
JA PÉREZ

40 PROFECÍAS CUMPLIDAS
J.A. PÉREZ

EL FIN
ESTADO PROFÉTICO DE LAS NACIONES
J.A. PÉREZ

Profecía Bíblica

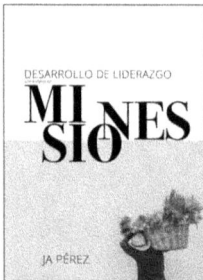

DESARROLLO DE LIDERAZGO

MI NES SIO

JA PÉREZ

Desarrollo de
Liderazgo
con énfasis en
Diplomacia

JA Pérez

DESARROLLO DE
LIDERAZGO
CON ÉNFASIS
EMPRESARIAL

JA PÉREZ

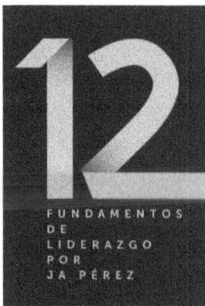

12

FUNDAMENTOS
DE
LIDERAZGO
POR
JA PÉREZ

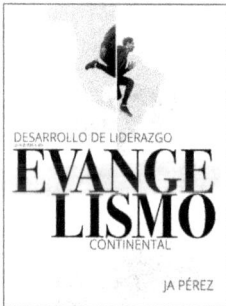

DESARROLLO DE LIDERAZGO
EVANGE LISMO
CONTINENTAL

JA PÉREZ

DESARROLLO DE
LIDERAZGO
CON ÉNFASIS EN
PLANTACIÓN
DE IGLESIAS

JA PÉREZ

EMBAJADOR360°

LÍDER CON MENTE DE REINO

10 JA PÉREZ

EMBAJADOR360°

LÍDER CON MENTE DE REINO

10 JA PÉREZ

LÍDER CON MENTE DE REINO

10 JA PÉREZ

los **5**
ERRORES
MÁS COMUNES
QUE COMETE UN LÍDER

JA PÉREZ

LIDERAZGO
IRREVOCABLE

JA PÉREZ

LIDERAZGO
INTELIGENTE

JA PÉREZ

LIDERAZGO
y CONSORCIOS

JA PÉREZ

LIDERAZGO
y GOBIERNOS

JA PÉREZ

LIDERAZGO
PRODUCTIVO

JA PÉREZ

LIDERAZGO
y CAPITAL INFLUYENTE

JA PÉREZ

LIDERAZGO
INSPIRACIONAL

JA PÉREZ

LIDERAZGO
TRANSPARENTE

JA PÉREZ

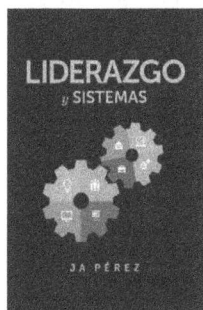

LIDERAZGO
y SISTEMAS

JA PÉREZ

LIDERAZGO
y DESARROLLOS

JA PÉREZ

LIDERAZGO
INVISIBLE

JA PÉREZ

LIDERAZGO
y LEGADO

JA PÉREZ

Evangelismo y Misiones

Discipulado para Nuevos Creyentes y Estucos de Grupos

TRANSFORMACIÓN

discípulo 3.0

JA PÉREZ

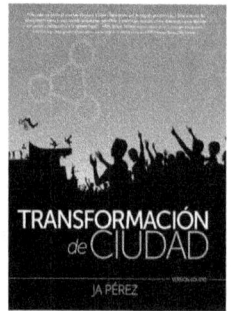

TRANSFORMACIÓN de CIUDAD

JA PÉREZ

JUNTOS XEL CONTINENTE

JA PÉREZ

JUNTOS XEL CONTINENTE
VERSIÓN: PASTORES

JA PÉREZ

Cosecha

EVANGELISMO EFECTIVO

JORGE ARMANDO PÉREZ VENÂNCIO

JA PÉREZ

Festivales y Concentraciones

Juntos | Concejo Internacional

Festivales y Concentraciones

Juntos | En la Jornada

Festivales y Concentraciones

Juntos | En la Cosecha

JUNTOS

Crecimiento
Inspiración y Creatividad

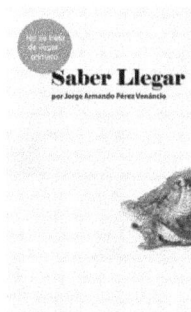

ideas.
J.A.PEREZ EN CONFERENCIA PARA EMPRESARIOS,
LÍDERES Y AQUELLOS QUE PIENSAN.

ideas.
MAESTRO

Saber Llegar
por Jorge Armando Pérez Venâncio

Clásicos

Principios de Vida y Relaciones — Ficción

LA CIENCIA DEL POBRE
Jorge Armando Pérez
VENANCIO

LAS REGLAS QUE REGULAN LA ABUNDANCIA
JORGE ARMANDO PÉREZ
VENANCIO

Jorge Armando Pérez Venâncio
Lecciones de un viejo PROFETA mentiroso

EL FIN de TODA JACTANCIA
EXALTANDO LA COMPLETA OBRA DE JESUCRISTO

Las Suegras
7
Jorge Armando Pérez Venâncio

Las Ciudades debajo de la Tierra
Los Profetas de Gûlumm
Jorge Armando Pérez Venâncio

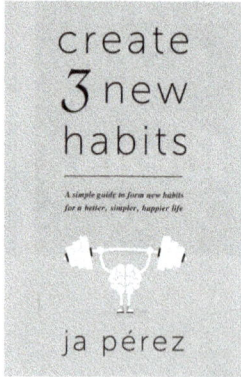

create
3 new
habits

*A simple guide to form new habits
for a better, simpler, happier life*

ja pérez

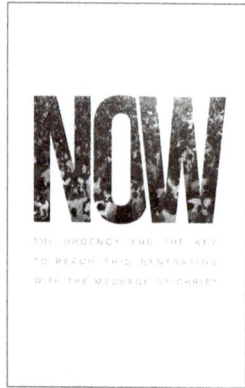

NOW

THE URGENCY AND THE KEY
TO REACH THIS GENERATION
WITH THE MESSAGE OF CHRIST

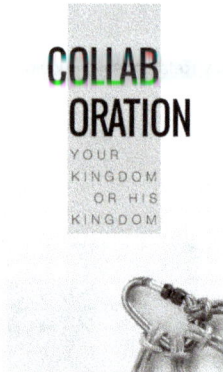

COLLAB
ORATION

YOUR
KINGDOM
OR HIS
KINGDOM

COLLABORATION
101
for EVANGELISTS

COLLABORATION
101
for CHURCHES

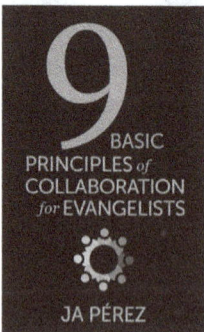

9 BASIC
PRINCIPLES *of*
COLLABORATION
for EVANGELISTS

JA PÉREZ

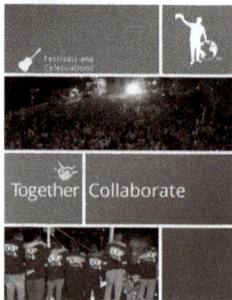

Festivals and Celebrations

Together | Collaborate

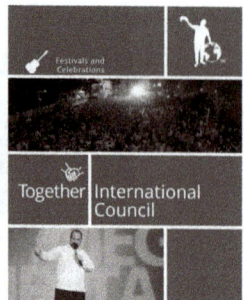

Festivals and Celebrations

Together | International Council

Contacte / siga al autor

Blog personal y redes sociales

japerez.com

@japereznow

facebook.com/japereznow

Asociación JA Pérez

japerez.org

Keen Sight Books

www.ingramcontent.com/pod-product-compliance
Lightning Source LLC
Chambersburg PA
CBHW071538200326
41519CB00021BB/6534